LA

REINE BERTHE

AU GRAND PIED

ET QUELQUES LÉGENDES DE CHARLEMAGNE

PAR J. COLLIN DE PLANCY

SEPTIÈME ÉDITION

SOCIÉTÉ DE SAINT-VICTOR POUR LA PROPAGATION DES BONS LIVRES

PARIS	PLANCY
Librairie centrale de la Société, rue de Tournon, 16	Siége, Direction, Imprimerie et Librairie de la Société.

1854

LÉGENDES DE L'HISTOIRE DE FRANCE

--- PÉRIODE CARLOVINGIENNE ---

LA REINE BERTHE
AU GRAND PIED

Antérieurement approuvée par l'Autorité Épiscopale de Malines, cette légende a été approuvée aussi le 14 janvier 1846, dans la collection des légendes de l'histoire de France, par Monseigneur Affre, archevêque de Paris.

L'envoyé de Charles-Martel entre au château de Laon

LA REINE

BERTHE AU GRAND PIED

ET QUELQUES LÉGENDES DE CHARLEMAGNE

PAR J. COLLIN DE PLANCY

SEPTIÈME ÉDITION

SOCIÉTÉ DE SAINT-VICTOR POUR LA PROPAGATION DES BONS LIVRES

PARIS	PLANCY
Librairie centrale de la Société, rue de Tournon, 16	Siége, Direction, Imprimerie et Librairie de la Société.

1854

PROPRIÉTÉ

Plancy. Typographie de la Société de Saint-Victor. — J. COLLIN, imp.

Peppin chez le Meunier.

LA REINE BERTHE AU GRAND PIED

I

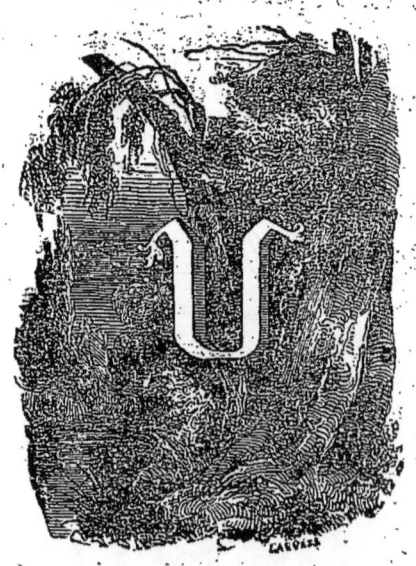

U n beau jour du mois de septembre de l'année 737, dans une petite salle du château de Laon, très ornée pour l'époque, deux jeunes filles s'entretenaient, avec naïveté d'une part, avec quelque affectation de l'autre.

Le château des comtes de Laon n'était, au premier aspect, qu'une forteresse rudement construite en pierre de roche, couverte de dalles superposées comme des tuiles et soutenues par une charpente énorme. Des planches peintes, placées sur de longues poutres, formaient le plafond des appartements, tous de plain-pied ; des trophées d'armes avaient fait longtemps le seul ornement des murs blanchis ; un pavé mal poli composait le parquet ; de hautes fenêtres étroites, dont les angles s'arrondissaient un peu, étaient percées dans les épaisses murailles. Les poternes étaient lourdes, massives ; la porte d'entrée, bardée de fer, était protégée encore par une double herse. C'était le manoir féodal : car la féodalité était née. Mais ce qui distinguait alors le château de Laon des résidences de cette sorte, c'est que le comte Charibert, à qui Charles-Martel avait donné cette ville, ayant suivi le duc d'Austrasie dans toutes ses guerres, avait trouvé moyen de rassembler quelques riches objets, qui faisaient regarder l'intérieur de son fort comme un palais. A la prise du camp des Sarasins dans les plaines de Tours, il avait enlevé des tapis et des meubles précieux ; il avait rapporté, du pillage des villes romaines dans la Gaule méridionale, des joyaux inconnus aux Francs ; et les ornements des plus élégantes dames gauloises paraient sa fille unique, qui était son orgueil.

Berthe, en effet, la fille chérie du comte Charibert, était un ange ravissant. Elle entrait dans sa dix-huitième année, avec ses épais cheveux blond-cendré, ses yeux bleus pleins de tendresse, son teint frais et vif, et cet embonpoint potelé si gracieux et si attrayant dans une jeune fille. Elle avait l'esprit cultivé, le cœur généreux, l'âme grande et forte sous des dehors timides. Mieux que cela, elle était pieuse, et de cette piété solide qui donne une vertu inébranlable. Elle était si bonne, que, pour plaire à son père et malgré ses répugnances modestes, elle consentait à être un peu coquette, mais de cette coquetterie seulement qui est de la dignité et de la grâce.

Elle était parée, ce jour-là, d'une longue

robe de soie orientale, ornée de broderies en or.
Une ceinture de pierreries dessinait sa taille ;
des bracelets de perles faisaient ressortir le léger
incarnat de ses bras arrondis, qu'on voyait tout
entiers dans ses longues manches d'une ampleur
démesurée ; des festons d'or retombaient sur ses
épaules ; un collier de corail, auquel pendaient
une croix d'or et un petit reliquaire, fermait sa
robe, sans plis autour du cou. Elle portait le
noble manteau des Francs, qui consistait en une
pièce d'étoffe, étroite par en haut, très large par
en bas, espèce de triangle dont la pointe se
rabattait par derrière. On le fixait aux épaules
au moyen de deux petites chaînes agrafées sur
la poitrine. Des pierreries et de légères figurines
d'or et d'argent en orfévrerie étaient parsemées
sur ce vêtement raide. Berthe avait la tête nue ;
ses longs cheveux formaient autour de sa figure
de petites spirales terminées par des boucles
que des épingles d'or retenaient en rond. Lorsqu'elle sortait du manoir, elle portait, pour
soutenir son voile, une sorte de turban plat, couronné de larges banderoles qui retombaient
autour de sa tête, courtes par-devant, pen-

dantes sur les côtés, assez développées par-derrière, comme les barbes d'une mitre d'évêque. Des bas fins de laine rouge et des souliers de même étoffe, pointus et fort couverts, complétaient sa parure.

Elle était assise sur un tabouret à dossier, sorte de lourd fauteuil garni de cuir jaune très brillant. Elle avait sous ses pieds un tapis de Smyrne, et devant elle une petite table incrustée d'arabesques d'argent, sur laquelle était, à côté d'un petit missel, une pelote de laine violette traversée par des aiguilles à tricoter ; car elle faisait les chausses de son père. Dans un coin étaient son rouet et sa quenouille ; elle filait, disait-on, comme les fées.

L'autre jeune fille, qui se trouvait assise vis-à-vis sur un escabeau, était Aude, sœur de lait de Berthe, plus âgée de six mois, belle aussi, mais dans un genre moins suave; ce qui peut-être était l'effet d'une âme moins pure. Berthe avait désiré d'avoir toujours auprès d'elle sa chère Aude et sa nourrice, qui étaient de condition serve; le comte et la comtesse de Laon y avaient consenti. Aude était presque aussi parée que sa jeune maîtresse ; mais elle n'avait ni manteau ni pierreries. Sa robe, montant jusqu'au cou, sans plis au corsage, était d'une étoffe de lin avec de petites rosaces noires semées assez rares sur un fond rose. Aude avait les cheveux plus châtains que Berthe, la figure piquante, la taille bien prise. Elle était un peu plus grande que la princesse. Son regard était hardi ; mais, soit à cause de l'humilité de son origine, soit dissimulation native, elle cherchait habituellement à cacher ce que ses yeux pouvaient exprimer. Elle avait dans l'âme une passion cruelle, l'envie. Elle était jalouse intérieurement de sa jeune maîtresse ; et dans cet égarement, que sa situation rendait inexplicable, elle souffrait à la pensée qu'elle n'était que la fille d'un serf, tandis que Berthe, née d'un comte, était destinée à commander.

Berthe ne soupçonnait rien des honteux sentiments secrets de son amie. Elle l'entretenait avec abandon de ses joies et de ses plaisirs ; elle la traitait comme une sœur ; elle lui montrait les bijoux que lui donnait son père.

— Mais, lui disait Aude, le duc d'Austrasie

se repose à présent. Il n'y a plus de conquêtes, ni de butin.

— Ce n'est pas de Charles-Martel qu'on peut dire jamais qu'il se repose, répondit Berthe. Mon père ne l'a pas suivi, parce que ses blessures le retiennent. Mais n'avons-nous pas assez ? Il y a cinq ans, dans cette grande journée qui anéantit les Sarasins aux plaines de Tours, mon père ramena tous ses chars de guerre remplis d'objets précieux. Des colliers d'or et des couronnes ornées décoraient sa hache d'armes, et la riche poignée d'un cimeterre de roi brille aujourd'hui à son épée. Dans l'Aquitaine, il a conquis aussi, à côté de Charles-Martel, des trésors et des bijoux qui font de ce château un glorieux séjour. Dieu veuille, et sa Sainte Mère nous l'obtienne, que mon père ne nous quitte plus pour de nouvelles guerres !

Comme Berthe achevait ces mots, on entendit, à la porte du château de Laon, le son du cor pendu au poteau extérieur du pont-levis. Ce son fut répété trois fois.

— Voici, dit Aude, un important message. Ma mère nous en apporte des nouvelles.

— Je ne sais rien encore, répliqua la nourrice en entrant dans la petite salle. Mais c'est un héraut de notre puissant suzerain le duc d'Austrasie. Il est accompagné de la bannière au lion debout.

La nourrice

— Un envoyé de Charles-Martel ! s'écria Berthe : mon Dieu ! vient-il encore réclamer le bras de mon père ?

La jeune fille, impatiente, ouvrit l'étroite fenêtre et se pencha vers la cour. Elle aperçut le comte de Laon qui, tandis qu'on levait les herses, allait lui-même, par déférence pour son suzerain qu'il chérissait, recevoir jusque sur le pont son envoyé. Il lui tint l'étrier pendant qu'il descendait de cheval, le conduisit par la main à la salle d'honneur, et fit appeler sa fille. Déjà on préparait à la hâte un festin.

En entrant dans la salle, Berthe vit le héraut vêtu d'une dalmatique pourpre dont les pans étaient tailladés en bas et festonnés. Il était accompagné d'un écuyer qui tenait sa bannière.

— Ma fille, dit le comte Charibert, vous nous aiderez à recevoir dignement l'hôte que nous envoie notre duc.

Berthe apporta une aiguière, dans laquelle le héraut se lava les mains ; la comtesse de Laon lui présenta une serviette brodée ; après quoi Charibert le fit asseoir seul à la grande table, qui se couvrit rapidement de mets et de fruits. Le révérend chapelain bénit le repas ; le comte, sa famille et tous ses officiers restèrent debout pour servir le héraut, qui recevait tous ces honneurs sans observations. C'était l'usage. Il représentait son maître, le chef souverain des royaumes occupés par les Francs.

Le comte de Laon remplit d'un vin généreux une grande coupe d'or ; il en but le tiers au salut de son hôte et la lui présenta. Le héraut, avant d'y porter ses lèvres, se leva avec gravité et offrit la coupe à Berthe ; ce qui causa quelque surprise.

La jeune fille rougit, fit le signe de la croix, but une gorgée, et remit d'une main tremblante le vase pesant au héraut, qui le vida tout d'un trait, en disant : — A vous, demoiselle !

Après cette singulière formalité, il dîna sans ajouter un mot, et sans que personne fît autre chose que le servir.

Son écuyer, entouré de quatre officiers du comte, dînait à part dans la même salle, sur un petit dressoir.

Cependant le comte et la comtesse de Laon ne savaient que penser de l'honneur que le héraut avait fait à leur fille ; et Charibert commençait à douter que ce fût une mission guerrière que l'envoyé eût à remplir.

Quand il eut fini son repas, le héraut invita Berthe, son père et sa mère qui l'avaient servi, et le révérend chapelain, à s'asseoir à sa table; il but de nouveau à leur prospérité.

— Et à celle de Charles-Martel! répondit le comte de Laon.

— Dieu vous a entendu, ajouta le héraut; puis il reprit : — Je dois présentement remplir le devoir qui m'amène. Le duc des Francs, le puissant Charles-Martel, toujours vainqueur, lui à qui toutes les Gaules obéissent, depuis l'embouchure de la Meuse jusqu'aux Pyrénées, et depuis les sources du Rhin jusqu'à l'Océan, lui dont toutes les nations voisines sont tributaires jusqu'au Danube, Charles, voulant donner au jeune et vaillant Peppin, son second fils, une noble épouse, m'envoie à vous, messire comte de Laon, vous l'un de ses leudes les plus dévoués, l'un de ses plus illustres chefs, vous qui comme lui avez grandi sur les champs de bataille et qui avez rehaussé votre noblesse par les faits de l'épée....

Le héraut fit une pause. Berthe, le front couvert de rougeur, avait les yeux baissés, dans une anxiété profonde ; elle savait la renommée du jeune Peppin, dont on lui avait vanté plus d'une fois la bonne mine et les nobles qualités. Elle pouvait déjà penser qu'il s'agissait de sa main. Le comte et la comtesse de Laon, pleins d'une joie muette, se taisaient avec une sorte d'orgueil et attendaient que le messager de Charles-Martel se fût expliqué formellement.

Il prit des mains de son écuyer une boîte d'argent ciselé, que saint Éloi avait travaillée, disait-on, pour la reine Nantilde, épouse de Dagobert. Elle contenait un anneau de mariage, un sou d'or et un denier d'argent, pour arrhes des fiançailles, un collier de perles, des bracelets et des pendants d'oreilles. Tenant cette boîte de ses deux mains, le messager reprit :

— Charles Martel, mon maître et votre suzerain, messire, vous demande, pour son fils Peppin, la main de votre fille Berthe, dont le renom est venu jusqu'à lui.

Charibert, tremblant d'allégresse, allait répondre que sa fille, comme son sang, était à Charles-Martel. Mais, en voyant la comtesse de Laon, qui s'était jetée au cou de sa fille et l'embrassait en pleurant de joie, il sentit aussi sa voix étouffée par l'émotion. Le héraut comprit ce muet langage; il mit un genou en terre devant Berthe et lui présenta la boîte :

— Acceptez-vous ces fiançailles, demoiselle? dit-il.

Berthe, essuyant ses larmes, un peu honteuse de son extrême rougeur et encouragée par la joie de son père et de sa mère, se tourna vers le chapelain et lui dit:

— Mon père, que ferai-je ?

— Ce que votre cœur vous dira, ma fille, répliqua le bon prêtre

Elle répondit donc : — J'accepte ces gages.

Puis elle baisa le messager sur la joue, et, s'étant signée de l'anneau, elle le mit à son doigt. Après quoi elle se retira dans la chapelle du palais, où elle offrit à Dieu et à la Sainte Vierge ses actions de grâces, priant le Père universel de protéger son avenir.

Cependant le vieux comte, un peu calmé, ordonnait que tout se mît en fête dans le château et dans la ville. Il fit faire des distributions aux pauvres gens. Il donna à l'écuyer une robe somptueuse; il combla le héraut de présents; et, dès qu'il revit sa fille, il lui recommanda d'être prête à partir le surlendemain pour la cour d'Austrasie.

II

ERTHE, toujours accompagnée de sa chère Aude, donnant le bras à sa mère, dont elle ressentait avec douleur la séparation prochaine, s'occupa donc des apprêts de son départ.

Aude, à qui la scène qui venait d'avoir lieu avait donné à la fois de la joie, de l'espérance et de la jalousie, souffrait, comme les envieux souffrent de tout le bien qui ne leur vient pas, en songeant que sa jeune maîtresse allait devenir une princesse suzeraine; mais en même temps elle pensait que Berthe sans doute l'emmènerait avec elle à la cour d'Austrasie; elle espérait que, là, ses charmes lui feraient trouver aussi quelque noble époux. — Qui sait? disait-elle en elle-même; Frédégonde était fille d'un cardeur de laine, et elle devint reine de Neustrie.

La nourrice, mère de l'ambitieuse Aude, avait des pensées aussi vaines. Plus dangereuse que sa fille, plus profondément dissimulée, en affectant un air de simplicité et de soumission dévouée, elle était femme à ne reculer devant aucun moyen pour parvenir. Les derniers rois mérovingiens avaient donné tant d'exemples de filles de basse extraction mises sur le trône, que de telles idées n'avaient rien d'extraordinaire. Seulement, la nourrice et sa fille étaient trop pressées peut-être de se voir grandes dames.

Comme pour réaliser la première espérance de sa sœur de lait, Berthe demanda à sa mère qu'il lui fût permis de l'emmener avec elle, ainsi que sa nourrice. Cette faveur, après qu'on eut consulté le messager, qui l'approuva au nom de son maître, fut accordée d'autant plus volontiers, que le comte de Laon, à cause de ses blessures, ne pouvait accompagner sa fille, non plus que la comtesse, dont les soins étaient nécessaires à son époux; et Charibert se sentait moins inquiet sur le grand voyage que Berthe allait faire, en songeant qu'elle avait un appui dans sa nourrice, que son affection lui faisait regarder comme une seconde mère.

Berthe, dans sa bonté, demanda alors à son père une autre grâce; c'était l'affranchissement de sa sœur de lait et de sa nourrice, bienfait qu'elle leur avait promis pour l'époque de son mariage.

— Si vous l'avez dit, ma fille, répondit le comte de Laon, votre parole ne sera pas démentie. Mais je souhaite que cet affranchissement ait lieu devant les autels, le jour même où vous serez l'épouse de Peppin.

— Il en sera selon votre désir, mon père, répondit Berthe.

Tous les vêtements, tous les joyaux, tous les bijoux, tout le trousseau de la fiancée furent emballés le lendemain dans de grands coffres, que l'on chargea sur dix-huit chariots. Le jour suivant, de bon matin, Berthe, après avoir entendu la sainte messe et récité les prières du voyageur, longuement embrassée et tendrement bénie par son père, par sa mère, recommandée aux anges du ciel par le bon chapelain, descendit, escortée par le clergé de la ville, les chemins escarpés de la forteresse, et sortit de Laon, emportant les vœux et les acclamations de tous les vassaux de son père.

Dès qu'elle eut franchi l'enceinte de la ville, elle prit sa route, protégée par cent hommes d'armes, tous vieux soldats dévoués au comte de Laon. Les rudes guerriers chargés de cette mission d'honneur se réjouissaient surtout de ce voyage, en ce qu'il leur donnait l'espoir qu'ils verraient enfin les traits de leur princesse. Comme plusieurs jeunes filles de haute maison dans l'Austrasie, qui ne sortaient jamais sans voile jusqu'au jour de leur mariage, Berthe, hors du château, n'avait pas encore découvert son visage. L'espérance des vieux braves fut déçue. La jeune fille, à la vérité, était au milieu d'eux sur un cheval blanc; mais sa nourrice l'avait enveloppée de voiles si épais, qu'on ne pouvait rien distinguer de sa gracieuse figure. Aude, voilée comme la noble demoiselle, était avec sa mère dans un chariot couvert. Le héraut et son écuyer marchaient à cheval aux côtés de Berthe; la moitié des hommes d'armes précédait le cortége, l'autre moitié allait derrière.

On fit, dans la journée, trois stations d'une heure pour les repas. Mais alors on dressait rapidement une tente élégante, que le comte de Laon avait conquise sur les Sarasins; Berthe s'y enfermait avec ses femmes, et n'en sortait que lorsqu'on sonnait la trompette du départ, pour remonter sur son beau cheval arabe, autre présent que la victoire de Charles-Martel avait fait aux Gaules. On campa pour la nuit; et, le second jour, le cortége entra dans la forêt des Ardennes, qu'il fallait traverser pour arriver au palais de Herstal sur la Meuse, où Peppin impatient attendait la jeune princesse.

III

a nourrice de Berthe était une femme de quarante ans, d'origine serve, mais devenue ambitieuse, comme on l'a dit, dans le château de Laon. Lorsqu'elle entendait raconter l'histoire de la reine Bathilde et de tant d'autres qui, de la plus humble condition, s'étaient vues portées au trône, elle regrettait de n'être plus jeune; et en contemplant sa fille, belle et séduisante, elle se livrait à de singulières imaginations. Elle se figurait parfois, dans ses rêves de fortune, qu'on la saluerait un jour comme mère d'une reine.

Cependant les années passaient; Aude avait déjà plus de dix-huit ans, et le prince qui devait se passionner pour elle n'arrivait pas. Mais comment fût-il venu dans un château peu fréquenté et chez un comte qui ne tenait point de cour! — Tout allait changer.

Souvent la nourrice avait fait part de ses idées à sa fille. Aude les accueillait d'autant plus avidement, qu'une devineresse du pays des Maures, amenée parmi les prisonniers sarasins, lui avait prédit, à l'inspection des lignes intérieures de sa main gauche, qu'elle partagerait le trône d'un prince souverain. Son ambition orgueilleuse ne faisait qu'une avec celle de sa mère.

Dans le silence et la méditation d'un long voyage, une tentation, infernale sans doute, vint à la nourrice. Elle songea qu'elle pouvait aider la fortune et profiter d'une heureuse occasion. La fiancée de Peppin était en son pouvoir. Elle s'abandonna à d'horribles calculs, les travailla, les caressa; et, dès le matin de ce second jour, elle avait dressé tous ses plans, avec une habileté dont les méchants seuls sont capables.

Pendant que la confiante Berthe cheminait sur son élégant palefroi, recueillie en elle-même, occupée intérieurement, comme les jeunes filles, de se faire le portrait de son fiancé, de se le figurer devant elle, de l'embellir selon son cœur pur, la nourrice, tout entière à son projet, entretenait le héraut et l'écuyer, — étudiant leur âme, sondant leur cœur, pesant leur conscience. Elle avait promptement reconnu que le messager avait l'âme intègre et le cœur dévoué. Elle avait remarqué dans l'écuyer des inclinations moins nobles et une conscience dont elle pouvait avec de l'or trouver le chemin. Elle était fixée.

Ce qu'on va lire pourra sembler extraordinaire; mais c'est l'exacte chronique, et personne jusqu'ici n'a songé à en douter.

Le soir de ce second jour, on dressa la tente dans la forêt. Les hommes d'armes, après la prière, s'endormirent autour des chariots. Le héraut se coucha en travers de la porte, devant la tente où reposaient Berthe, sa nourrice et sa sœur de lait.

La nourrice avec Kokkès et Servais

Il y avait, parmi les conducteurs des chariots, deux hommes grossiers et robustes, que la nourrice connaissait et qu'elle savait propres à son dessein. A minuit, pendant que tout le monde dormait profondément, elle sortit sans bruit de la tente, alla réveiller Kokkes et Servais, ces deux hommes, et leur demanda s'ils voulaient tout d'un coup faire une grande fortune. Les deux charretiers se frottèrent les yeux et tendirent les mains.

— Voici, dit-elle en leur montrant une petite cassette de bijoux, votre première récompense ; et dans un mois je vous donnerai à chacun vingt livres d'or.

— Que faut-il faire? demanda vivement Kokkes, en épanouissant sa rude figure, et cherchant à lire, à la lueur des étoiles, dans les mouvements de la nourrice.

— Une action hardie, répondit-elle.

— Quelle action hardie? répliqua, avec une sorte d'hésitation, le second complice.

— Un coup de hache, porté par chacun de vous... Parlons bas...

— Nous ne serions pas de vieux hommes de guerre, reprit Kokkes, si un peu de sang nous faisait peur... C'est bien. Mais quel sang faut-il répandre, pour un si haut prix?

— Un sang que vous verserez sans péril. Vous devez, pour me comprendre, savoir mon projet. Le prince d'Austrasie ne connaît pas sa fiancée. A sa place, je veux lui donner Aude... Les bijoux de Berthe ainsi nous appartiennent... Et, quand ma fille sera l'épouse de Peppin, l'or me sera aussi facile à compter qu'il vous est aisé présentement de me prêter assistance...

— Je conçois, dit Servais ; et pour lors il faut d'abord que la fille du seigneur comte disparaisse,... que personne n'entende plus parler d'elle... Mais que dira le comte de Laon ?

— Il ne le saura jamais. Avant peu, il mourra de ses blessures.

— Et la bonne comtesse

— Comment l'apprendrait-elle ? Ma fille portera le nom de Berthe, en paraissant à Herstal. Si un jour la comtesse de Laon venait la voir, nous aviserions alors de nouvelles ressources. Mais elle n'osera jamais entreprendre un tel voyage.

— Pour nous d'ailleurs, ajouta Kokkes, après un coup comme celui que vous méditez, bonne dame, nous gagnerions la Lombardie, avec notre butin ; et on ne viendrait pas nous y chercher. Mais que pensera l'escorte ?

— Aucun des hommes d'armes qui la composent n'a vu les traits de Berthe ; ma fille est voilée comme elle.

— Nous arrivons, dit Servais, aux deux coups de hache ; je vous ai devinée : le héraut et l'écuyer...

— Non pas ainsi, répliqua la nourrice. Je fais mon affaire de l'écuyer ; il sera des nôtres. En arrivant à la cour d'Austrasie, il nous faut au moins, pour témoigner au besoin qui nous sommes, l'un des deux officiers du Prince. Quant au héraut, c'est là le premier sang qu'il faut verser.

— Hum ! dit Kokkes, un officier qui porte les insignes du souverain !

— Qui le saura ?.... Vous allez le trouver endormi devant la tente... Tous les autres sont plongés dans un sommeil profond... Un coup de francisque, — appliqué par cette main vigoureuse, — empêchera bien cette tête de parler, en la séparant du corps.

— Il faut que ce soit Satan qui vous inspire !

Mais que diront demain les hommes d'armes ?

— J'en fais aussi mon affaire.

Il y eut un moment de silence.

— Et maintenant, reprit Servais, quelle est donc l'autre personne qui vous embarrasse ?

— Vous avez besoin de me la faire nommer ? Vous ne m'avez pas comprise ?

— Je n'ose pas comprendre, dit Kokkes.

— Vous me comprenez pourtant. Vous avez entendu qu'il faut que Berthe disparaisse.

— Mais pas de la sorte, murmura Servais. On peut la mettre dans un couvent, dans une prison, dans une tour.

— Non, dit la nourrice avec impatience ; nous serions toujours en trouble.... Il faut...

Elle ajouta tout bas quelques paroles.

— La fille de notre suzerain ! C'est très rude, marmotta Kokkes.

— Une si bonne princesse ! dit à mi-voix Servais agité.

— Qui le saura ? reprit la nourrice ; et dans un mois vous fuirez...

Toute cette histoire, nous le répétons, semblerait invraisemblable d'horreur, si elle n'était généralement attestée par toutes les vieilles traditions.

Après quelques minutes encore d'un entretien épouvantable, tout fut convenu. Les deux brigands tranchèrent la tête du héraut endormi, si habilement et si vite, qu'il ne put pas même

L'enlèvement de Berthe

pousser un soupir. Ils reçurent les bijoux, et la promesse formelle des vingt livres d'or pour chacun d'eux. Ils enlevèrent doucement Berthe, sans l'éveiller, et l'emportèrent au loin dans la forêt. La nourrice leur avait indiqué un étang où ils devaient jeter le corps, après l'avoir défiguré. Ils devaient aussi rapporter, pour preuve du fait accompli, la chemise de la princesse, teinte de son sang.

Pendant que la nourrice tirait du sommeil l'écuyer et le faisait entrer dans son effroyable projet, les deux assassins marchaient, en s'éloignant, avec leur fardeau. A la distance d'un quart de lieue de la halte, ils se trouvèrent au bord de l'étang. Alors ils éveillèrent Berthe ; elle se crut le jouet d'un rêve horrible, en apercevant, à la lueur de la lune qui se dégageait un peu, qu'elle était presque nue dans un bois, devant un lac sombre, ayant à ses côtés deux figures sinistres.

— Où suis-je? demanda-t-elle éperdue.

— Au bord du cercueil, répondit Kokkes, d'une voix farouche. Préparez-vous à la mort, demoiselle. Il a fallu nous faire violence pour nous décider à vous tuer; et parce qu'on dit que vous êtes bonne nous vous laisserons faire votre prière.

A ces paroles funestes, la jeune fille tomba à

genoux, en s'écriant : O mon Dieu! Elle prit dans ses mains la croix et la petite relique qu'elle avait au cou et se mit à prier et à trembler. Voyant alors l'autre brigand qui ne parlait pas, elle se traîna jusqu'à lui.

— Oh! défendez-moi, lui dit-elle. Ne souffrez pas que si jeune on me tue!... Êtes-vous donc des Sarasins?

— Non, répondit l'autre. Mais je ne puis être votre défenseur; vous êtes condamnée.

Berthe crut reconnaître cette voix. — C'est vous, Servais, dit-elle; je ne me trompe point; vous me protégerez. Vous protégerez la fille de votre comte.

Le conducteur de chariots, devenu assassin pour un peu d'or, fut ému de cette circonstance.

— Pauvre princesse! dit-il; elle me reconnaît à ma voix.... Eh bien! non, ajouta-t-il brusquement, elle ne sera pas tuée.

L'autre brigand s'avança : — Que dis-tu? s'écria-t-il. Pouvons-nous faire autrement? Le messager n'est-il pas mort déjà? N'avons-nous pas promis sur nos serments?

— C'est vrai. Mais elle ne sera pas tuée.

— Il le faut. — Et en disant cette parole, le meurtrier, faisant un effort violent, s'élança sur Berthe, la hache levée. Servais se jeta au-devant

du coup, le para, saisit la hache de son camarade, et, plus prompt peut-être qu'il ne l'eût voulu, le repoussa d'un coup de revers si violent, qu'il l'étendit à ses pieds.

La princesse était restée à genoux, dans l'épouvante.

— L'aurais-je tué ? dit Servais en se penchant sur le cadavre de Kokkes. Il est presque mort, poursuivit-il.

Il abattit aussitôt la tête du brigand et la lança dans le lac. Après quoi il ajouta :

— Ne craignez plus, demoiselle. Mais si vous échappez à ce danger, bien d'autres vous environnent.

Il se recueillit un moment pour imaginer une fable. Il reprit :

— Le puissant Charles-Martel, duc d'Austrasie, a fait demander votre main à monseigneur le comte de Laon, votre noble père. Mais il faut que vous sachiez que le prince Peppin, son fils, à qui il vous destine,.... a déjà une femme, qu'il a épousée en Saxe, et qu'il ne veut pas quitter..... C'est pourquoi il a envoyé des hommes qui nous ont surpris, qui ont tué le héraut et qu'il avait chargés de vous mettre à mort.... Je me suis mêlé parmi eux, demoiselle, dans le vague espoir de vous protéger .... Je vous ai sauvée. Mais nous sommes ici dans les domaines

Il faut que vous me juriez....

du prince Peppin; et je viens de tuer un de ses fidèles. Il faut, pour mon salut et pour le vôtre, que vous me juriez devant Dieu, sur la relique de saint Martin et sur la croix d'or qui sont attachées à votre collier, de ne plus reparaître à la cour de votre père, d'oublier votre nom et votre qualité de princesse, de ne réclamer jamais vos droits auprès de Peppin, et de vivre dans l'obscurité, où vous pourrez. A ce prix seulement, vous conserverez la vie.

Berthe écoutait tout ce singulier discours, anéantie dans les plus amères pensées, ne sachant si elle devait se réjouir d'échapper à un homme aussi cruel que Peppin, car elle croyait Servais, ou se désespérer d'être maintenant seule au monde; destinée dont elle ne soupçonnait pas les misères.

— Que ferai-je? dit-elle enfin, sans trop sentir la valeur de ses paroles.

— Moi qui vous ai sauvée, reprit le brigand, je suis perdu, si vous reparaissez. Jurez donc, puisqu'il le faut, de ne jamais contredire ceux qui vous feront passer pour morte.

Berthe, pressée, jura par les plus forts serments tout ce que Servais lui dicta. Le brigand, rassuré, se mit alors à dépouiller son camarade; il commanda à la princesse de se déguiser sous les vêtements de Kokkes et de lui donner sa chemise. — Je dois la montrer ensanglantée, dit-il, pour prouver que vous êtes morte.

La jeune fille obéit en pleurant. Servais trempa la chemise de fin lin dans le sang de son camarade tué ; il souleva ensuite le corps encore chaud et l'envoya dans l'étang rejoindre la tête. Il donna à la Princesse quelques deniers d'argent, lui montra le chemin qu'elle devait suivre pour trouver des habitations, dans une direction opposée à la route du cortége, et se hâta de la quitter.

Le misérable regagna la halte, où le silence du sommeil n'avait pas encore été troublé. Il se félicitait de son action, d'autant meilleure pour lui, que la cassette de bijoux lui restait tout entière.

Il entra dans la tente ; la nourrice, inquiète, avait réveillé sa fille, qui était très agitée. Ces deux femmes s'entretenaient à voix basse avec l'écuyer, devenu leur complice par l'appât de grandes récompenses. En voyant Servais seul, les premiers mots de la nourrice furent ceux-ci :

— Où est l'autre ?

L'assassin fut obligé de faire une nouvelle histoire Ayant déjà pris tous les bijoux, il prétendit avoir droit seul aux quarante livres d'or, car lui seul avait tout fait, disait-il ; la princesse, voyant qu'il fallait mourir, s'était montrée tout à coup la fille héroïque du vaillant comte de Laon ; elle avait saisi la hache de son camarade, l'avait abattu, et l'eût tué lui-même, ajouta-t-il, s'il ne l'eût frappée sur la tête en même temps qu'elle luttait contre l'autre. Comme dernier argument il jeta aux pieds de la nourrice la chemise trempée de sang.

— Je n'ai pas songé, dit-elle, en examinant cette pièce de conviction à la lumière d'une petite lampe, qu'il eût fallu rapporter aussi l'anneau nuptial, la croix d'or et la relique.

— Je n'y ai pas pensé non plus, répondit Servais. Quant à la croix et à la relique, qui sont bénites, je n'aurais pas osé les toucher. Mais si vous tenez à l'anneau, il est dans le lac ; je sais où j'ai jeté le corps ; et, ajouta-t-il effrontément, donnez-moi un compagnon, je puis vous l'aller chercher.

— Il est trop tard, dit la nourrice, que ces dernières paroles et le ton dont elles étaient dites tranquillisaient complètement. Le jour va bientôt paraître....

L'écuyer fit avec son épée un trou dans la terre. Il y ensevelit la chemise de Berthe. Après cela, Aude, sa mère et leurs complices, ayant poussé de grands cris, tous les hommes d'armes s'éveillèrent ; ils furent debout en un moment, s'informant des causes de l'alerte. La nourrice avait revêtu sa fille des habits et du voile de Berthe. Elle exposa, en sanglotant, aux guerriers et aux conducteurs de chariots, que des brigands venaient d'entrer dans la tente pour voler les bijoux de la princesse ; qu'ils avaient tué le héraut, et qu'ils emmenaient sa fille.

La moitié du cortége se forma en cercle autour de la tente pour protéger Berthe, dont ces braves gens ne soupçonnaient pas l'absence ; l'autre moitié se dispersa dans la forêt. Pendant ce temps-là, l'écuyer, s'attribuant l'héritage du héraut, l'avait dépouillé et le faisait enterrer aussi. Les hommes d'armes, qui s'étaient élancés à la recherche des prétendus bandits, revinrent au bout d'une demi-heure, n'ayant rien découvert. Le jour était venu et il fallait se remettre en marche. Le capitaine des hommes d'armes, à qui l'on venait de faire remarquer que l'un des conducteurs de chariots avait disparu aussi, profita de cet incident. Le salut de Berthe étant tout pour lui, il dit à la nourrice que le robuste Kokkes, ne reparaissant pas, était sans aucun doute sur les traces de sa fille, qu'il la retrouverait certainement et la lui ramènerait, mais que son devoir lui prescrivait d'ordonner le départ. La nourrice ne demandait pas autre chose; elle ne répondit que par les feintes larmes d'une mère qui se sacrifie. Le cortége se remit donc en mouvement.

On arriva, sans nouvelles aventures, mais le sixième jour seulement, à la porte de Herstal.

IV

Le palais de Herstal était un séjour charmant sur la Meuse. Charles-Martel l'affectionnait, et son fils Peppin aimait à s'y reposer des fatigues de la guerre.

Peppin-le-Bref devait son surnom à sa petite stature, qui était pourtant celle d'Alexandre-le-Grand. Sa taille était svelte et gracieuse ; il avait les traits fins et nobles. Son esprit cultivé était cité déjà ; il annonçait l'homme dont l'habileté politique devait passer en proverbe. Il était vaillant et digne, par son courage, du héros qui lui avait donné le jour. Il s'était fait remarquer dans plusieurs batailles ; et les occasions ne lui avaient pas manqué ; car les vingt-sept années que régna Charles-Martel sont peut-être l'époque de nos annales la plus féconde en combats ; c'est assurément la plus riche en victoires. Aussi Charles-Martel, quoiqu'il ne portât pas le nom de roi, était-il le plus puissant souverain de son temps. L'Europe entière tremblait devant lui. C'était donc une noble alliance que la sienne. Cependant il voulait que ses fils épousassent, non des princesses étrangères, mais les filles de ses fidèles.

Peppin avait vingt-deux ans. Il n'eût pas été prince que toute jeune fille l'eût aimé. Son père lui avait laissé le choix dans plusieurs partis illustres ; il s'était décidé pour Berthe, qu'il n'avait jamais vue, mais dont on vantait la grâce, la piété, la modestie, la sagesse, l'esprit, la beauté. Il l'attendait, comme nous avons dit, avec impatience.

Enfin, une demi-heure en avant du cortége, l'écuyer, qui avait lancé son cheval, vint lui annoncer que sa fiancée arrivait. Peppin se hâta d'aller au-devant d'elle, lui baisa la main, et la conduisit, empressé de la voir, jusque dans la cour du palais de Herstal, où elle descendit de sa monture.

Pendant la route, comme il cherchait des

yeux son héraut, l'écuyer lui avait raconté l'aventure de la forêt, selon l'arrangement convenu. Peppin gémit de ce malheur. Mais il le ressentit surtout pour se féliciter du salut de Berthe ; car il prenait Aude pour la fille du comte de Laon.

Tous les leudes de la suite de Peppin étaient assemblés dans la grande salle du château, pour recevoir la fiancée de leur chef. En y arrivant, Peppin la fit asseoir sur un siége élevé qui formait trône, et la pria d'ôter son voile. Aude obéit. Elle était si émue, dans ce moment solennel, qu'une grande rougeur couvrait tous ses traits et les rendait plus doux et plus touchants. Toute la cour admira sa beauté, par un murmure flatteur. Mais Peppin, quoiqu'il trouvât dans la fausse Berthe une belle personne, en fut moins enthousiasmé. On eût pu croire qu'il ne reconnaissait pas là la jeune épouse dont il s'était fait une si charmante image. Ce n'était pas la figure d'ange qu'il avait rêvée. La nourrice, dans cette première entrevue, couvrait de l'œil sa fille, très agitée et très inquiète. Peppin réprima promptement son propre embarras ; dans la crainte que sa fiancée n'eût remarqué ce qui se passait en lui, il se montra plus ardent. Il trouva Aude instruite, parlant bien et avec mesure ; il revint un peu de sa prévention ; et la nourrice triompha.

La fausse Berthe, après une demi-heure d'entretien, fut conduite avec sa mère dans l'appartement qui lui était destiné. Elle se reposa quelques instants ; puis elle changea de toilette pour le festin. La nourrice mit tant de soins à la parer des ornements de la fille de Charibert, qu'elle fut plus belle que jamais ; et quand Peppin la ramena dans la salle, ce furent de nouvelles acclamations. Les fidèles du jeune prince le fêtèrent tellement sur les charmes de sa fiancée, qu'il finit par se laisser entraîner et se persuada qu'il était fort épris.

Après le joyeux dîner, l'écuyer, complice du crime commis dans la forêt, fut largement récompensé de ce qu'on appelait son dévouement ; car il se vantait d'avoir sauvé la Princesse. Peppin l'envoya ensuite à Maestricht, où se trouvait alors Charles-Martel, pour le prévenir de l'arrivée de Berthe.

Charles, qui aimait le comte de Laon, mais qui n'avait jamais vu sa fille, arriva le surlendemain à Herstal, pour l'embrasser. Ce héros, dont la belle taille peut être cause aussi que l'on appliqua à son fils le sobriquet de Bref ou Petit, était la plus remarquable personnification que présente l'histoire de l'homme de guerre au moyen âge. Il froissa Aude en l'embrassant avec transport, et put lui faire croire un instant qu'il l'étouffait. Car, toujours équipé pour la guerre, sa vive affection, il venait à une fête avec la cuirasse, le casque, les cuissarts et les chaussures d'airain. Des gantelets recouverts de lames de fer enfermaient ses mains. Une énorme épée brillait sans ornements à son côté gauche; une hache pesante pendait à sa droite. Il avait quarante-huit ans. Vaincu dans sa première bataille en 714, il avait toujours été vainqueur depuis. Tous les pays qui entouraient l'Austrasie avaient servi de théâtre à ses exploits. Il y avait peu de jours dans l'année qu'il ne pût marquer d'une victoire ; et son épée avait brillé dans toutes les contrées de l'Europe.

Il amenait avec lui son frère Hildebrand,

vainqueur d'Avignon, prince brave et instruit qui faisait écrire nos annales. Il amenait aussi l'évêque d'Auxerre, qui avait été son compagnon d'armes à la fameuse défaite des Sarasins. Ce qui paraîtrait singulier aujourd'hui, l'homme évangélique portait une épée à sa ceinture de prélat; et sa mitre couvrait un petit casque d'airain. Mais il n'était armé, disait-il, que contre les infidèles. Hors de là, c'était un ministre de paix.

Comme tous les leudes, Charles-Martel trouva la fausse Berthe ravissante. Son regard un peu rude ne la rendait que plus digne d'être la fille d'un guerrier. Charles ne voyait pas d'autre gloire que la gloire militaire. Il était ému de tout ce qui se rattachait à l'épée. Il fallait que ses fils, ses amis et tous ceux qui voulaient lui plaire fussent toujours prêts à marcher au premier appel de la trompette.

Il ordonna que le mariage de Peppin et de Berthe fût célébré immédiatement. On n'osa pas lui objecter que le long voyage de la princesse avait dû la fatiguer ; il ne comprenait pas la fatigue. On para la fiancée de tout ce qui avait été conquis de plus brillant sur les Sarasins. Charles-Martel, voulant lui faire un noble présent, lui donna un poignard oriental et un cheval arabe de grand prix. Elle fut obligée de placer

le poignard à sa ceinture, de monter le noble coursier; et Charles la conduisit à la chapelle du palais, où l'évêque d'Auxerre l'unit à Peppin, en lui recommandant d'être héroïque et au jeune prince d'être vaillant et de faire triompher la croix.

Le reste du jour fut une fête pour tous. La nourrice était au comble du bonheur.

Le lendemain, un bon moine fut envoyé à Laon pour annoncer au père et à la mère de Berthe l'arrivée de leur fille et l'heureuse célébration de son mariage.

V

Les jours suivants, Peppin conduisit sa femme à Maestricht. Il lui fit voir Jupille, Landen, Nivelles, Cologne, et toutes les résidences royales de son père. Le premier mois fut enchanté, surtout pour Aude et pour sa mère; car Peppin aimait sans ardeur sa jeune épouse. Il ne trouvait pas dans la compagne de sa vie cette élévation d'âme, cette dignité de cœur, cette haute portée d'esprit, ni cette piété solide et vraie qu'on lui avait fait espérer. La beauté ne fixe longtemps que si elle est secondée par d'autres charmes.

Mais Aude et sa mère, ravies de leur sort, ne s'apercevaient pas de l'attiédissement des sentiments de Peppin. Aude était princesse ; elle savait déjà que, dans le partage de ses vastes États, Charles-Martel, qui régnait sur les Pays-Bas et les Gaules, souverain incontesté avec le titre de duc, devait donner à Carloman l'Austrasie, à Peppin la Neustrie. Elle voyait qu'elle serait un jour duchesse ou reine. Que lui importait le reste ?

Une seule crainte troublait son orgueil. Si le hasard ou quelque devoir amenait à la cour un vassal du comte de Laon, elle pouvait être reconnue. Mais les voyages longs étaient si dangereux et si rares, qu'elle se rassurait.

Ses motifs de craintes n'étaient pourtant pas vains. Elle le reconnut plus tôt qu'elle ne pensait.

Un matin, que, joyeuses et triomphantes, Aude et sa mère se promenaient seules à Herstal, aux bords de la Meuse, une femme étrangère s'approcha d'elles, en sollicitant une aumône. C'était une mauresque, de cette race d'Égyptiennes qui faisait partie de la grande irruption des Sarasins. Elle s'était enfuie de la maison d'un Franc chez qui elle était esclave. Son œil ardent avait reconnu la fausse Berthe, à qui autrefois elle avait dit la bonne aventure ; car les enfants de l'Egypte se vantaient encore de posséder, entre autres sciences superstitieuses, le don de faire les horoscopes et la connaissance profonde de la chiromancie, qui est l'art de juger et de prédire sur l'inspection des lignes de la main.

— Vous m'avez oubliée, dit-elle à Aude ; cependant, au château de Laon, j'ai annoncé, quoique vous fussiez serve, que vous partageriez le lit d'un prince ; — et voici que vous avez dans votre coiffe une petite couronne.

Ces flatteuses prédictions que font les devineresses n'ont jamais d'inconvénients. Elles sont toujours bien accueillies ; et, quand la bonne fortune les réalise, elles deviennent tout un triomphe.

Pendant que l'Égyptienne se redressait avec fierté, la nourrice frémit, épouvantée de voir sa fille reconnue.

— Silence! dit-elle en mettant un sou d'or dans la main de la vieille. Voici pour l'aumône de ce jour. Ce soir, vous recevrez un prix qui vous mettra désormais hors du besoin, si vous voulez venir à la tente des jardins, examiner de nouveau la main de la princesse.

— J'y serai, dit la Mauresque.

— Vous garderez le secret?

— Je le garderai. J'ai besoin de secret pour moi-même ; car je suis fugitive.

— Eh bien! si l'on vous inquiète, dites que vous appartenez à la princesse Berthe.

En prononçant ce nom, la nourrice avait intrépidement désigné sa fille.

L'Égyptienne aussitôt comprit ou devina tout le mystère.

Elle avait fait deux pas pour s'éloigner, espérant trouver dans la contrée quelques lumières pour le nouvel horoscope qu'on lui demandait;

mais, se sentant assez éclairée, elle se rapprocha de la nourrice :

— Que n'allons-nous à l'instant où vous dites? reprit-elle; la journée est longue encore. Avec l'argent que vous me donnerez, si vous y pouvez joindre une petite charte de sauf-conduit, je prendrai, aujourd'hui même, le chemin de l'Espagne.

— Elle a raison, dit la nourrice; le Prince est à la chasse.

Raffermie par la pensée qu'elle ne perdait pas de vue cette femme, et soulagée comme si on lui eût ôté un poids qui lui chargeait le cœur, la nourrice retourna au palais, emmenant sa fille et la Mauresque. Elle rentra par une petite porte qui donnait dans les jardins, et, s'absentant un moment, chargea Aude de conduire la vieille à la tente.

Le pavillon qu'on appelait la tente des jardins était bâti immédiatement au bord de la Meuse, qui en baignait le pied. Au bas d'un escalier qui descendait de la tente, il y avait toujours une barque élégante, pour les promenades sur l'eau, et vis-à-vis, à la distance de douze à quinze brasses, une petite île factice, couverte d'arbres touffus, qui cachaient à tous les yeux ce qui pouvait se passer dans le pavillon.

La nourrice y rejoignit bientôt sa fille ; elle apportait un grand flacon, une corbeille de gâteaux et une bourse ; elle posa le tout sur une petite table, et s'arrêta en silence, parce que la devineresse tenait déjà la main de la fausse Berthe.

— Tout va bien, dit la sorcière. Cependant, du fait qui s'est passé dans le grand bois, il reste un témoin — qui vous perdra.

— Expliquez-vous, dit la nourrice consternée ; de quel fait voulez-vous parler ?

— Je ne le vois pas clairement, reprit la Mauresque. Mais ce fait, vous le savez ; et je vois un témoin redoutable.

— Un témoin, répéta Aude palpitante : un seul ?

— Plus d'un peut-être ; mais un seul qui puisse vous nuire.

— Un seul ! marmotta la nourrice, ne pouvant plus dissimuler, ni se contenir : — ou Servais ? ou l'écuyer ?

Elle s'enfonça dans quelques réflexions. Puis elle reprit, en secouant la tête pour rappeler ses idées :

— Vous ne voyez pas autre chose?

— Pas autre chose que d'heureuses fortunes, répliqua la vieille.

Elle prédit du bonheur, des fêtes, des enfants, et tout ce que pouvait souhaiter Aude.

Alors la nourrice se mit à compter de l'argent, tout en priant la Mauresque de manger un gâteau et de boire un coup de vin vieux qu'elle versa elle-même. La mendiante but et mangea, sans soupçonner, malgré sa prévoyance, que le vin était empoisonné d'une dose énorme d'opium ou de quelque autre narcotique pesant.

Dès qu'elle se fut assoupie, les propres bandelettes de sa coiffure étrangère devinrent l'instrument de sa mort ; la nourrice s'en servit pour lui attacher au cou l'un des lourds chenets de fer battu qui garnissaient la cheminée de la tente ; puis obligeant sa fille, qui ne pouvait s'accoutumer à tant de férocité, à lui prêter aide, elle ouvrit la petite porte qui donnait sur le fleuve, descendit l'Égyptienne dans la barque, et la fit couler sans bruit au fond de la Meuse.

Après cette expédition, promptement terminée, la nourrice, imposant silence aux scrupules qui agitaient Aude, fit venir Servais, maintenant homme d'armes dans la maison de Peppin. Déjà il avait reçu vingt livres d'or, et depuis huit jours il pressait le paiement du reste; il ne paraissait pas tranquille, et voulait, avec sa fortune, aller respirer dans une autre contrée.

— Ce qui t'est dû encore est tout prêt, dit la mère de la fausse Berthe, et même la somme sera doublée. Mais il faut achever l'œuvre.

Servais pâlit et se troubla. Aude, émue, sortit alors.

— Que faut-il donc faire encore? dit-il avec une sorte d'effroi.

— Crains-tu déjà le danger? Il n'y en a point. Mais nous avons un témoin qui n'a pas mis la main dans le sang.... Tu le sais.... Nous avons été forcés de le mêler à nos secrets, afin qu'il attestât nos récits. — C'est l'écuyer. — Il faut qu'il meure; autrement il nous vendra.

Servais se récria. La nourrice reprit:

— Que peux-tu redouter? Tu lui chercheras une querelle, à la suite de laquelle tu le tueras. La loi permet une composition en argent pour le prix de ces meurtres. Si tu es découvert, je paierai ce qui sera fixé. Ne sais-tu pas que ta destinée est liée à la nôtre? Va donc sans terreur.

Servais réfléchit, hésita un instant, gémit,— et se décida.

Il sortit en regardant le flacon de vin, comme un homme qui aurait eu besoin d'y puiser du courage et qui était piqué de voir qu'on ne lui offrît rien. Car le crime établit une familiarité brutale entre ceux qui le font en commun. La nourrice n'avait pas perdu ce mouvement.

Meurtre de l'écuyer.

Ce même jour, — une heure peut être après qu'il fut sorti de la tente, — Servais dressa une embûche à l'écuyer, le tua en secret; et personne ne découvrit l'auteur de ce nouvel homicide.

Il alla sur-le-champ rejoindre la nourrice, pressé de son salaire.

— Rends-toi, lui dit-elle, à la tente des jardins. J'y serai dans un moment.

Le meurtrier entra dans le pavillon, s'assit dans un siége moelleux ; et, voyant sur la table la corbeille de gâteaux, il en prit un sans façon et le mangea.

Le flacon, qui avait empoisonné la Mauresque, n'était pas à moitié vide. Pensant qu'il avait autant de droits que la nourrice à se refaire de ce bon vin vieux, il ne put résister à la tentation et but un coup. Il le trouva si bon, qu'il redoubla; l'heureuse nouvelle qu'il apportait le rendait d'ailleurs intrépide.

Au bout d'un quart d'heure, lorsque la nourrice arriva, le flacon était vide et Servais s'endormait. Aude ayant refusé son assistance à des actes violents si rapprochés, sa mère fut obligée d'achever seule l'exécution sinistre de son projet. Elle entraîna Servais à l'escalier, en lui balbutiant quelques paroles sur le besoin de prendre l'air, le fit descendre dans la barque, alla chercher l'autre chenet, le lui lia au cou, et poussa le corps dans le fleuve, où il tomba à côté de l'Egyptienne.

Quand l'épouse de Peppin, inquiète, vint enfin rejoindre sa mère, elle la trouva encore dans la barque, où elle semblait s'assurer que les flots gardaient bien leurs victimes. D'un geste silencieux, mais triomphal, elle montra à sa fille le fond du fleuve, comme pour lui annoncer que personne n'existait plus qui pût les trahir ; que tous ceux qui avaient trempé dans leur fraude criminelle avaient péri. — Elle embrassa Aude et la félicita ; — car elle ne doutait pas de la mort de Berthe dans les Ardennes.

Pour surcroît de bonheur, quinze jours après cette matinée formidable, Aude reconnut qu'elle était enceinte. Cette nouvelle mit tout le palais en fêtes.

Qu'était devenue cependant la véritable Berthe?

VI

u moment où Servais s'était éloigné de l'étang qui avait servi de tombeau à son compagnon mis à mort, la nuit était encore sombre. Berthe, sous les grossiers vêtements du conduc-

teur de chariots, ne commença à respirer que

lorsqu'elle se vit complètement seule. Elle rendit à Dieu de profondes actions de grâces, et le pria avec ardeur de la protéger.

Au moindre bruit, mille terreurs venaient l'abattre ; et, quand le jour reparut, il ne la rassura pas ; sa piété seule la soutint. Elle croyait voir devant elle la terre marquée d'une longue trace de sang. Elle ne savait quel jugement former sur Servais, qui ne l'avait défendue qu'à la cruelle condition de passer pour morte. Elle l'avait juré : ainsi donc elle ne devait plus revoir ni son tendre père, ni sa mère si affectueuse et si bonne, ni sa nourrice, ni sa sœur Aude, qu'elle aimait encore. Elle était loin de soupçonner la trame inexplicable dont elle était enveloppée.

Après des moments si pénibles, un malaise la prit ; elle eut froid ; elle se mit à marcher, honteuse et gênée dans son habillement ignoble, agitée par la crainte d'être reconnue et de tomber dans une nouvelle embûche de ses ennemis, pleurant à chaque instant, s'efforçant de haïr Peppin-le-Bref, brisée par les sanglots, et ne retrouvant un peu de courage que dans la prière.

Elle avançait timidement, allant toujours devant elle et suivant la direction que lui avait indiquée Servais.

Elle aperçut des maisons et se détourna. Tout ce qui pouvait la rapprocher de l'espèce humaine, dans ces premières heures, lui causait de l'effroi. La faim et la fatigue l'obligèrent enfin à

chercher de l'aide. Elle s'adressa à une petite cabane isolée, où la femme d'un bûcheron lui donna du pain noir et du vin de cerises. Elle était si épuisée, qu'elle accepta l'offre qu'on lui fit de se reposer. Le soir venu, le mari et les enfants de la villageoise rentrèrent ; ils prirent Berthe pour un jeune garçon, dont ils eurent pitié ; car sa figure touchante gagnait tous les cœurs. Ils lui demandèrent qui elle était. Elle répondit qu'elle allait en pèlerinage et qu'elle s'était imposé de taire son nom. Ces bonnes gens se contentèrent de cette raison ; et Berthe passa la nuit dans leur cabane.

Le lendemain matin, elle se remit en route, un peu plus affermie ; elle avait fait dans son cœur le projet de se rendre à Herstal, où, sans être connue, elle voulait apercevoir une fois au moins son cruel fiancé, de qui elle avait conservé l'anneau.

Au bout de dix jours d'une marche incertaine souvent et toujours accablante, l'épuisement l'obligea de s'arrêter à Jupille. Elle ignorait le nom de ce beau village, où s'élevait une des maisons de plaisance de Charles-Martel. Elle demanda l'hospitalité à un meunier qui avait son moulin sur la Meuse, et qui vivait là, heureux et tranquille, avec sa femme, déjà vieille, et ses deux filles. La bonne femme eut compassion du jeune voyageur ; elle appela ses deux filles et leur dit : — Croyez-vous que dans tout Jupille il y ait rien de si beau que cet enfant ?

En entendant ce nom de Jupille, Berthe sentit battre son cœur. Elle bénit le Ciel, qui l'avait conduite ; car elle savait que Peppin venait souvent là, qu'elle pourrait l'y voir. Elle souhaita donc d'y demeurer. C'est pourquoi, après que le meunier fut couché, les deux filles et leur mère demandant à Berthe d'où elle venait, elle résolut de confier à ses hôtesses tout ce que son serment ne l'obligeait pas à taire.

— Je viens de fort loin, leur dit-elle ; et je ne puis vous faire connaître qu'une partie de mon secret. Je suis une jeune fille, contrainte de fuir. Pouvez-vous, sans chercher à en savoir davantage, me recevoir chez vous et me donner des vêtements qui soient de mon sexe ? Je ne vous serai point à charge ; car je sais filer le lin avec adresse, et on m'a enseigné tous les ouvrages qui vont aux mains des femmes.

La meunière, étonnée, sentit redoubler l'intérêt qu'elle portait à Berthe. Elle se hâta de l'habiller avec une robe de sa plus jeune fille, et l'embrassa, sans lui faire d'autres questions. Parmi les vertus hospitalières des vieux habitants de la Gaule était surtout la discrétion la plus délicate. La princesse fut fêtée aussi par les deux filles du meunier, heureuses d'avoir une nouvelle compagne.

Le lendemain, le bonhomme, émerveillé, approuva tout ce qu'avait décidé sa femme. Berthe ne fut plus considérée que comme la troisième fille de la maison. Elle aida la meunière dans tous les travaux domestiques, elle fila merveilleusement bien, tricota des chausses pour le meunier, apprit à ses filles de belles broderies, et se rendit aussi chère par ses talents utiles que par sa piété, sa douceur et sa grâce.

Il y avait quelques jours qu'elle était dans l'honnête famille qui l'avait adoptée, quand on annonça que le prince Peppin allait venir avec sa jeune épouse au château de Jupille. Cette nouvelle la fit tressaillir. D'après l'histoire que Servais lui avait faite, elle avait cru Peppin marié depuis longtemps. Elle demanda quelle princesse il avait épousée ?

— Il a épousé Berthe de Laon; lui répondit-on.

Son cœur bondit alors ; son embarras devint plus grand. Elle se fit répéter deux fois ce nom, crut qu'elle rêvait, et fut longuement absorbée dans une méditation triste et profonde. Elle en sortit en disant :

— Je voudrais bien voir le prince !

— C'est chose facile, dit le meunier ; le château n'est qu'à un quart de lieue d'ici. Nos filles vous y conduiront.

Le matin du jour où Peppin devait arriver, Berthe, avec ses simples ornements de villageoise, mit, sans y songer peut-être, un peu plus de soins à sa toilette. Elle alla ensuite avec ses compagnes se ranger sur le bord de l'avenue où la jeune cour allait passer. Elle aperçut le brillant cortége qui devançait le prince. Elle avait conçu d'étranges soupçons. Pour ne pas être reconnue, elle se recula derrière ses deux amies, et se croyant en sûreté, elle regarda.

Elle remarqua les grâces de Peppin. Elle crut même rencontrer un regard du prince qui s'arrêtait sur elle avec une certaine expression de surprise ; mais toute son attention n'eut bientôt plus d'objet que le spectacle qui termina ses incertitudes. Elle vit Aude tenant sa place ; elle comprit le forfait tenté contre elle ; et sentant son cœur défaillir, elle s'appuya contre un arbre.

Toute la cour était déjà loin, quand les filles du meunier, se retournant du côté de Berthe, remarquèrent sa pâleur. Un nuage semblait étendu sur ses yeux. Leurs soins empressés lui firent reprendre ses sens. Mais elle ne dit pas un mot ; elle se rappela son serment, — tourna les yeux encore du côté du château de Jupille, — et s'en revint à la maison du meunier. Elle expliqua comme elle put sa faiblesse, s'excusant sur le spectacle extraordinaire qui l'avait frappée ; — on se contenta du peu qu'elle voulut bien dire ; et depuis elle ne sortit plus, — sinon les jours de dimanche et de fête pour aller à l'église.

Elle se félicita de n'avoir été vue, ni par Aude, ni par sa mère, dont la pensée la faisait trembler. Elle excusa Peppin ; et, quoiqu'elle sentît qu'elle l'aimait tendrement, elle prit la résolution de ne plus chercher à le voir. D'ailleurs, comme femme, elle se sentait humiliée, sans pouvoir se rendre compte de ce mouvement, à la seule idée qu'il était l'époux d'une autre ; et comme chrétienne, quelque chose lui disait qu'elle ne pouvait plus être rien pour lui, puisqu'il était marié.

Berthe s'accoutuma, dans le silence et la tristesse, à sa nouvelle condition, — toujours bonne et douce, cherchant à ne pas affliger ses amies du poids de sa peine, et pieusement résignée aux volontés de Dieu.

Mais, comme on le voit, elle vivait à peu de distance d'Aude et de sa mère, au moment même où ces deux femmes, dans la tente des jardins de Herstal, se croyaient délivrées de tous les témoins de leur crime.

VII

E temps marcha. L'année suivante, on fit dans tout le pays des réjouissances publiques, parce que la fausse Berthe venait d'accoucher d'un fils, à qui l'on donnait le nom de

Léon. Cette nouvelle vint encore froisser le cœur de la fille adoptive du meunier.

Deux autres années passèrent, durant lesquelles Peppin-le-Bref fut presque constamment occupé des guerres de son père.

En l'an 741, quelques mois de paix survinrent ; et Peppin, que quatre ans de mariage avaient encore refroidi pour la superbe Aude, se livrait aux délassements de la chasse dans les résidences de Herstal, de Landen et de Jupille. Un jour qu'il se reposait à ce dernier château, il fut surpris de retrouver dans son esprit le souvenir de la gracieuse villageoise qu'il y avait vue, à l'époque de ses noces. C'était Berthe, de qui les traits l'avaient vivement touché. Souvent la pensée de cette jeune fille, dont il était loin de soupçonner la naissance, avait occupé son cœur. Mais, indépendamment des liens sacrés du mariage, qui devaient le retenir, les devoirs nombreux auxquels l'obligeait l'activité de Charles-Martel ne lui avaient pas permis de la rechercher. Il profita de l'occasion pour s'informer d'elle. Il avait laissé Aude à Herstal.

On lui apprit qu'en effet il y avait, chez le

meunier de Jupille, une jeune fille charmante, qui se montrait peu, et dont aucun des villageois n'osait espérer la main, quoiqu'elle fût bonne et abordable. Il partit aussitôt pour le moulin, accompagné seulement de son astrologue.

En cheminant, il demanda au docte vieillard ce qu'il pouvait lui découvrir sur la jeune fille dont il avait l'esprit frappé.

— Le meunier n'est pas son père, répondit l'astrologue.

Tout le monde le savait.

Il s'arrêta toutefois un instant, examina l'état du ciel, dressa son thème, et déclara, sans trop se faire attendre, que parmi les trois filles qui étaient en ce moment à la table du meunier, l'une, — celle du milieu, — se trouvait infailliblement « destinée à quelque chose de grand. »

Ce sont les paroles de la chronique.

Peppin entra. À son aspect, le meunier se leva, ainsi que toute sa famille. Le prince jeta les yeux sur la fortunée jeune fille que désignait l'horoscope ; c'était bien celle qu'il cherchait, l'objet de ses rêves depuis trois ans. La princesse rougit excessivement et se troubla. Peppin la pria de se rasseoir. Le meunier, étonné de cette scène, et soupçonnant quelque secret entre son seigneur et Berthe, jugea à propos de s'éloigner un peu ; il quitta la table et se retira dans un coin de la chambre avec sa femme et ses filles. L'astrologue et Peppin restaient debout devant la princesse.

Berthe s'était promptement remise. Mais Peppin, intimidé par un charme qu'il ne pouvait définir, ne trouvait point de paroles. Il s'était approché de la jeune fille. A sa main, plus mignonne et plus fraîche que celles des villageoises, il aperçut un anneau qui attira son attention. Il prit, avec un respect qui sans doute l'étonna lui-même, cette main tremblante, et reconnut, non sans une grande surprise, l'anneau de fiançailles qu'il avait envoyé à la fille

du comte de Laon. — Comment cet anneau se trouvait-il là ? — Et que pouvait signifier une si merveilleuse rencontre ?

Avant toute explication, quelque chose de vague, qui entra dans le cœur de Peppin, semblait lui dire que celle qui portait ce joyau lui était nécessairement fiancée. Aude, pour en expliquer la perte, avait dit qu'ayant mis sa bague avant de se coucher parmi ses autres bijoux, les brigands qui avaient assailli la tente l'avaient emportée.

— Vous auriez dû savoir, avait répondu Peppin, qu'un anneau de mariage ne quitte jamais le doigt qui l'a reçu.

Et il n'avait plus été question de cette circonstance.

La présence de cette bague au doigt de la belle inconnue plongeait Peppin dans une perplexité dont il craignait de sortir avec douleur. Celle qu'il voyait devant lui était-elle la femme ou la fille d'un brigand? — Oh! non; sa beauté noble et touchante repoussait au loin une telle honte.

— Était-elle la fille de la nourrice, enlevée par les bandits? — Mais elle ne pouvait être née de condition serve. — Il ouvrit enfin la bouche pour lui faire toutefois cette question : — Si elle n'était pas Aude?

— Je ne suis point cette femme, dit-elle avec une singulière expression de dédain ou de fierté qui, dans des traits si doux, frappa vivement le prince.

Elle ajouta :

— Un serment très sacré ne me permet pas de dire mon nom.

Après que Peppin, dont les doutes ne purent obtenir aucune solution précise, eut pris son parti sur tout ce mystère, il se tourna vers son astrologue :

— Assurément, lui dit-il, ce bijou aura été vendu ou égaré ?

L'astrologue ne répliqua rien.

— De qui tenez-vous cet anneau ? dit alors le prince, en se rapprochant de la jeune fille.

— D'une main qui m'a été bien chère.

— Vous avez été mariée ?

— Jamais.

— C'est donc le cadeau d'un amant ?

Berthe ne répondit point.

— Cet homme vous aime-t-il ? reprit Peppin.

— Je l'ignore.

— Et vous avez reçu de lui ce présent ?

— Jusqu'à ce jour je ne lui ai jamais parlé...

Le prince, que chaque mot surprenait, fit

beaucoup d'autres questions, auxquelles Berthe répondait timidement :

— Je ne puis rien dire de plus.

Il marchait à grands pas dans la chambre, — sans faire attention à la famille du meunier, que tous ces mouvements devaient étonner. — Puis il reprenait la main de la jeune fille, et, n'osant avouer tout ce qu'il sentait, car Berthe lui imprimait, à force de candeur et d'innocence, un respect profond, il laissait retomber cette main, et s'arrêtait devant son astrologue, — qui se tenait impassible comme un homme étranger à la scène.

Enfin le prince saisit encore une fois la main de la belle inconnue, la serra doucement, et lui dit d'une voix précipitée :

— Je sens que je vous aime et que ma vie est dans vos mains....

Aussitôt, comme s'il eût craint de l'avoir offensée, il s'enfuit. — L'astrologue s'empressa de le rejoindre.

Quand le meunier et sa famille se trouvèrent seuls avec Berthe, il y eut mille avis sur tout ce qui venait d'avoir lieu. Dans les mœurs du

temps,—qui étaient encore un peu sauvages,—
il n'était pas rare de voir un prince, oubliant,
dans la fougue de la passion, les lois de Dieu et
de l'Église, épouser plus d'une femme. — Oh!
certes, dit la meunière, qui ne pesait, malgré
ses bonnes qualités, que l'intérêt matériel des
choses de ce monde, si le prince est épris de
vous, nous serons tous heureux et riches.

Berthe frisonna légèrement et ne répliqua
rien. Mais tout le reste de la soirée et toute la
nuit, elle ne fit que songer à Peppin, dans un
malaise extrême; elle reconnaissait qu'elle l'aimait, et ce sentiment effrayait sa conscience.
Un instant, pour se soustraire au danger d'une
flamme qui lui semblait criminelle, elle projeta
de s'échapper encore. Mais elle résista à cette
idée. — Je suis sa légitime fiancée, dit-elle en
elle-même : — n'ai-je pas sur lui plus de droits
que celle qui occupe ma place à sa cour?....

Cependant elle hésita devant le plan de conduite qu'elle devait se tracer. — Avant de prendre une résolution, elle voulut s'assurer que rien
dans ses démarches ne pouvait offenser sa foi de
chrétienne. — Elle alla donc, comme elle fai-

sait souvent, confier ses peines et ses doutes à un vieux et saint religieux, qui habitait auprès d'une chapelle de Notre-Dame, à quelques pas de Jupille. — Là, après avoir prié Celle qui a tant souffert et qui adoucit tant de souffrances, elle découvrit, sous le sceau de la confession, au bon solitaire, tout ce qu'elle était, son secret, son vœu et ses pénibles aventures, sachant bien que le silence qu'elle avait promis n'était pas rompu ainsi, qu'elle déposait sa confidence dans un tombeau fermé, et que son vœu n'était pas violé par là.

— Ma fille, dit le religieux étonné, ce que vous m'apprenez est grave. — Le serment que vous avez fait vous lie, et, — quand même vous pourriez en être relevée, — le mariage du prince est sacré. — Continuez donc à garder le silence; achevez le sacrifice, — et marchez sans cesse devant Dieu, — qui a ses desseins.

Peppin revint le lendemain et les jours suivants, plus tendre, plus ardent et à la fois plus respectueux à mesure qu'il se croyait plus près de devenir familier. L'astrologue, en lui répétant sa phrase imposante : — Destinée à quelque chose de grand! — ennoblissait encore à ses yeux cet amour. De plus, il dressait des horoscopes qui déclaraient formellement que jamais autre que Peppin ne toucherait le cœur de la jeune fille.

Berthe, néanmoins, ne donnait au prince aucun espoir. Mais tant de vertu unie à tant de douceur l'enflammait au point que la princesse troublée en concevait de l'effroi, et qu'elle ne demandait plus à Dieu que la force de s'éloigner tout à fait d'un prince pour qui elle ressentait un penchant condamné.

Dans ces entrefaites, une maladie grave de Charles-Martel obligea Peppin à une absence qui devait durer un mois. Il y avait deux ans que Charles s'affaiblissait; et, quoiqu'il n'eût que cinquante-deux ans, il sentait qu'il allait s'éteindre, épuisé, comme Clovis, cet autre guerrier, mort de vieillesse ou de fatigue à quarante-cinq ans.

Après s'être mis pieusement sous la protection de saint Denis, Charles, ayant partagé ses domaines entre ses enfants, rendit l'âme, auprès de Compiègne, le 21 octobre 741.

En revenant du deuil d'un père si révéré, Peppin alla, triste encore, revoir Berthe, qui tressaillit à son retour, — mais qui le supplia de ne plus l'offenser par un amour impossible, — devant lequel ses poursuites l'obligeraient à fuir....

VIII

ENDANT que Peppin, agité, n'osait ni résister à Berthe, ni lui promettre de l'oublier, le comte et la comtesse de Laon, qui recevaient deux fois par an des nouvelles de leur fille, attention dont la fausse Berthe s'empressait d'autant plus de s'acquitter, qu'elle ne désirait pas que ceux qu'elle appelait son illustre père et sa noble mère lui envoyassent, dans leur inquiétude, des messagers qui eussent connu la véritable princesse, — le comte et la comtesse nourrissaient depuis longtemps le doux projet de revoir et d'embrasser encore leur chère Berthe, et de serrer dans leurs bras leur petit-fils. Les blessures du vieux comte étaient complètement guéries. Il se disposait au voyage de Herstal, quand le bruit de la mort de Charles-Martel vint le presser de partir. Il lui fallait aller faire hommage à Carloman, son nouveau suzerain. Sachant la tendre amitié qui unissait Carloman et Peppin, il était sûr que, beau-père du plus jeune de ces princes, il ne pouvait manquer d'être bien accueilli. La comtesse de Laon, qui devait l'accompagner dans ce long voyage, n'avait plus de force contre le besoin maternel de presser encore, avant de mourir, sa fille bien-aimée sur son cœur.

Charibert et sa femme partirent donc, avec un cortége convenable. Ils traversèrent les Ardennes; et avant de se rendre à Cologne, séjour de Carloman, ils se dirigèrent sur Herstal, ne sachant pas que Carloman, leur suzerain, les y précédait, et devancés eux-mêmes par un courrier qui les annonça à Peppin. L'effroi de la nourrice fut immense, à cette nouvelle imprévue. Elle courut trouver sa fille, qui, par bonheur en ce moment-là, était dans la chambre où elle couchait. Aude pâlit et trembla comme une criminelle :

— Tout est découvert, dit-elle ; il nous faut prendre la fuite.

— Ne perdons pas courage ainsi, dit la nourrice. C'est une dernière épreuve à subir. Si tu me secondes, ma fille, nous saurons tromper la comtesse même. Tu vas te mettre au lit à l'instant ; je cours chercher le médecin ; je dirai que tu es malade. Il l'attestera. Le jour est sombre dans cette alcôve ; la comtesse de Laon ne fera que t'entrevoir ; et elle te prendra pour Berthe, si tu l'appelles ma mère, en contrefaisant la voix douce et tendre de la princesse, comme tu le savais autrefois, quand nous étions avec elle. Pour mettre Peppin dans nos intérêts, nous dirons que c'est une nouvelle grossesse. Plus de quatre ans ont passé depuis que nous avons quitté le château de Laon ; la comtesse doit avoir un peu oublié les traits de l'autre. Tu n'es pas si différente, sous ses habits de princesse. Elle te prendra pour sa fille.

Aude, qui n'était pas si rassurée, car elle

avait des remords, eut pourtant l'air de comprendre sa mère ; elle se hâta de quitter ses vêtements, de s'envelopper de coiffes et de se mettre au lit. Elle abusa le médecin par l'exposé de douleurs imaginées. On répandit dans le palais le bruit de cette indisposition subite, causée, disait-on, par l'émotion, par la joie, par la surprise. Peppin était allé, avec son frère chéri, au-devant du comte de Laon, étouffant de son mieux le mécontentement où il était de l'épouse qu'il lui avait donnée, mécontentement que sa nouvelle passion rendait plus lourd.

Lorsqu'il rentra dans le palais, comme le comte et la comtesse cherchaient des yeux leur Berthe chérie, surpris de ne pas la voir accourir à leur rencontre, on annonça que la princesse, frappée d'une émotion trop vive, s'était trouvée tout à coup indisposée. La comtesse, troublée, demanda qu'on la conduisît sur-le-champ au lit de sa fille. La nourrice parut aussitôt, et, se ressouvenant de ses devoirs à l'égard de la comtesse de Laon, elle se mit à genoux pour lui baiser la main. Puis elle la rassura, la pria de ne pas faire parler beaucoup la princesse, lui fit embrasser le petit Léon, et l'introduisit dans la chambre de la fausse malade. Le comte Charibert, ayant pris dans ses bras le prince enfant, qu'il croyait son petit-fils, l'accablait de ses caresses et suivait très ému sa noble épouse.

La comtesse, en entrant dans la chambre où se trouvait celle qu'on appelait sa fille, courut se pencher sur le lit, embrassa longuement la fausse Berthe, et reçut d'elle des caresses si vives, qu'elle ne songea pas d'abord à la regarder attentivement. Charibert embrassa sa fille à son tour avec tendresse, et ne s'aperçut de rien. Alors la dame de Laon s'inclina de nouveau sur Aude; et malgré l'obscurité qui régnait dans l'alcôve, à travers les larmes de joie qui voilaient ses yeux, elle crut trouver sa fille changée.

— C'est l'émotion, dit la nourrice. Peppin ajouta :

— La princesse s'est toujours portée à merveille.

La comtesse jusque-là n'avait entendu sortir de la bouche de celle qu'elle traitait comme sa fille, que des mots à peine articulés. Elle se mit à lui faire de ces questions qui abondent dans le cœur des mères, après une longue absence.

— Aurais-tu souffert, ma fille? dit-elle: il me semble que tes traits sont devenus moins délicats ?

— C'est l'émotion, dit la nourrice.

— Est-ce vrai, mon enfant ? reprit la comtesse.

— Oui, ma mère! répondit Aude, d'une voix qui n'avait pas la suavité de celle de Berthe.

—Tes cheveux étaient plus blonds, ma Berthe !

— J'avais quatre ans de moins, ma mère : et puis l'obscurité peut vous les faire paraître plus foncés.

— Tu parlais, mon enfant, avec un accent plus doux et plus harmonieux.

— C'est l'émotion, noble dame! dit la nourrice.

— Je suis si enrhumée! ajouta Aude.

— Ne la faites plus parler, cette chère enfant! dit Charibert en allant l'embrasser encore.

Le médecin rassura la comtesse de Laon. Il exprima l'opinion qu'après une agitation comme celle que la princesse avait éprouvée il était à propos de la laisser sommeiller un peu.

Peppin-le-Bref emmena ses nobles hôtes dans la grande salle, où l'on avait préparé un somptueux festin.

Là, Carloman devait recevoir les hommages du comte.

Aude se retrouva donc seule avec sa mère ; elle respira. Les deux femmes tinrent conseil.

— Tu ne seras pas reconnue, mon enfant, dit la nourrice. Tout ira bien. Seulement, garde ta présence d'esprit et fie-toi à ma vigilance. Je ferai attention à tout.

La jeune femme se leva, tout en causant d'un air distrait avec sa mère. Elle tira de son coffre

la boîte qui contenait ses bijoux — et se mit à les regarder.

— Ce serait dommage de quitter tout cela! dit-elle.

La nourrice releva sa confiance. — Dès qu'elle s'aperçut qu'on se levait de table, elle lui fit un signe nouveau. Aude retourna à son lit, s'y enfonça et mit son cher écrin auprès d'elle. La comtesse de Laon rentra. Elle fut surprise de voir sa fille encore assoupie.

— C'est l'émotion, dit la nourrice; elle dormait ainsi dans le grand voyage.

Et de nouveau, pour distraire cette mère inquiète, elle lui remit dans les bras son petit-fils, que la bonne dame accabla encore de baisers, ne soupçonnant pas que cet enfant lui était étranger.

Aude parut se réveiller deux ou trois fois, continua de jouer son personnage avec celle qui se croyait sa mère; et — le soir vint.

Pendant le souper, la fausse malade eut un nouveau répit. Après ce dernier repas, le comte et la comtesse de Laon, fatigués par une telle journée, et pressés par le besoin du repos, s'allèrent coucher. Mais la pauvre mère ne dormait point. Elle sentait dans son cœur quelque chose de sombre, dont elle ne pouvait se rendre compte. Il lui semblait qu'un mauvais rêve l'agitait depuis le matin. Elle avait revu sa fille— et ne croyait pas l'avoir retrouvée. C'était une bouche moins fraîche, une figure plus osseuse, une peau moins polie, des mains plus rudes.

Une pensée horrible lui vint. — M'aurait-on changé ma fille?

Bien vite, elle repoussa cet égarement ; elle se raisonna : Depuis quatre ans, Berthe n'était-elle pas l'épouse de Peppin? Elle était malade ; elle pouvait être affectée en effet par l'émotion. — D'ailleurs n'avait-elle pas toujours été sous la sauvegarde de sa bonne nourrice,— cette femme si dévouée !

Ces idées lui remirent le cœur.

Mais, d'autres pensées s'enchaînant à celles-là, en songeant à la nourrice, elle se rappela que,— tout entière au bonheur de revoir sa fille, — elle n'avait pas même adressé un mot de compassion à la pauvre femme, sur la perte cruelle de la sœur de lait de Berthe. Elle s'étonna aussi de ce que ni Berthe, ni la nourrice, ne lui avaient parlé d'Aude.— Ces réflexions travaillèrent la bonne comtesse toute la nuit.

Peu à peu, le souvenir d'Aude lui revint ; —

elle lui apparut en quelque sorte. Il lui sembla voir cette jeune fille devant elle. — Celle-là avait les cheveux moins blonds, la figure moins fine, les mains plus fortes, la voix moins veloutée que sa chère Berthe. Une sorte de délire, comme un cauchemar violent, pesa sur la poitrine de la comtesse.

Mais celle que j'ai tant embrassée, dit-elle, — ressemble plus à Aude qu'à ma fille. — Si c'était ma Berthe que les brigands eussent enlevée ? Et si la nourrice avait mis sa fille à la place de mon enfant, — pour m'épargner la douleur d'apprendre sa perte, — pour m'empêcher de descendre au tombeau avec désespoir !....

Une confusion de mille idées incohérentes se heurta dans la tête malade de la comtesse de Laon.

Tout à coup, elle s'avise ; — elle se lève ; — elle veut s'éclairer ; elle a un moyen sûr de reconnaître son sang : — Berthe a un pied plus grand que l'autre ! ....

Le jour commençait à poindre. La comtesse de Laon se rend à la chambre de la princesse, qui était éveillée, mais qui feignit de nouveau le sommeil. Sans remarquer la nourrice, qui, couchée dans un autre coin, se lève inquiète sur son séant, elle court au lit de sa fille, — le découvre par en bas, — ardente, muette, palpitante, — saisit les pieds de la fausse Berthe, les mesure, les trouve égaux, s'enfuit en criant : — Ce n'est pas ma fille ! — et va tomber évanouie dans le sombre corridor.

— Tout est perdu, cette fois ! — C'est le seul mot que murmura Aude en se levant brusquement et [se hâtant de quitter sa chambre, malgré les supplications de la nourrice.

Mais les cris de la comtesse de Lnon avaient été entendus. Charibert, Peppin, Carloman, accoururent. Toute la cour fut bientôt debout. La pauvre mère ne reprenait pas ses sens. On lui prodiguait en vain les soins les plus empressés. Ce ne fut qu'au bout de deux heures qu'elle rouvrit les yeux. Elle raconta, en fondant en larmes, sa cruelle découverte. Aussitôt Peppin, Charibert et tous leurs officiers se rendirent à la chambre de la fausse Berthe. — Le lit de la princesse était vide. On la chercha dans tout le palais ; elle n'y était plus. — On arrêta la nourrice, qui s'enfuyait par les jardins. On eut des inquiétudes sur l'épouse qui avait usurpé le lit de Peppin. On craignit un instant qu'elle ne se fût jetée dans la Meuse. L'horreur augmenta, lorsqu'on s'aperçut qu'elle avait emporté son fils, le petit Léon. — On fut plus rassuré, en apprenant qu'avec elle avaient disparu sa cassette de bijoux, son riche poignard oriental et le cheval arabe que Charles-Martel lui avait donné.

La matinée se passa dans ces investigations et ces troubles. La nourrice fut mise à la torture. Elle avoua toute la série de crimes qui avait élevé sa fille au rang de princesse. Rien ne peut exprimer le désespoir de la comtesse de Laon, et la fureur de Charibert, qui demandait le sang de cette méchante femme. Peppin ne voulut pas que la mère de celle qui avait été sa femme subît une mort infamante. Il la condamna à une prison perpétuelle. — Mais la nourrice se pendit dans son cachot, une heure après qu'elle y fut entrée.

IX

TANDIS que la comtesse de Laon se livrait à des larmes d'angoisses qui semblaient ne plus devoir se tarir, et que Charibert exhalait en rudes sanglots sa douleur de vieux guerrier, la pensée de la jeune fille du moulin vint jeter dans le cœur de Peppin-le-Bref une lueur d'espérance, qui le transporta. Il y avait tant de mystère dans cette jeune fille; — elle possédait l'anneau qu'il avait envoyé à sa fiancée. — Peut-être savait-elle quelque chose et consentirait-elle à parler dans de si graves circonstances; peut-être même Berthe, échappée aux assassins.... Il n'osait achever le cours de son pressentiment.

Laissant la pauvre comtesse aux soins de Carloman et du bon évêque d'Auxerre venu avec lui, il emmena insensiblement Charibert, en lui prodiguant des paroles consolantes. Il le conduisit jusqu'au moulin de Jupille. Berthe, comme il s'avançait, se trouvait assise à la porte. — Du plus loin qu'il aperçut la jeune fille, Charibert éprouva une sensation extraordinaire. — Il se frottait les yeux ; — il croyait rêver à son tour.... — Berthe fut plus sûre de son regard ;

elle s'élança et se jeta au cou du vieux brave, en s'écriant : — Mon père !....

Une larme de bonheur roula dans l'œil de Peppin. Son cœur palpita avec une violence extrême. En se retournant pour cacher son agitation, il trouva derrière lui son astrologue, qui,

— lui prenant le bras, — répétait de son ton grave : — Destinée à quelque chose de grand !...

Peppin, ravi de retrouver sa véritable épouse dans celle qu'il aimait et qui en était si digne, rassuré pleinement par un sourire de Berthe, — la fit monter sur son cheval, avec ses habits de villageoise, et, tenant lui même par la bride le noble palefroi, la conduisit à Herstal.

Elle marchait à côté de son heureux père, qui, en cheminant, ne pouvait détacher ses yeux d'elle.

Des coureurs furent envoyés en avant pour prévenir la malheureuse mère. De l'excès de la douleur, le passage à une si grande joie fit craindre un moment pour sa vie. Mais il y a de la force dans un cœur maternel.

On ne dépeindra pas le bonheur de la mère et de la fille. Des fêtes pompeuses allaient être ordonnées par Peppin, qui partageait leurs transports. Mais pour la pieuse Berthe, après les vives effusions de l'amour filial, après les heureuses larmes de la tendresse et de la joie, — il survint tout à coup, dans l'ardent empressement de Peppin, une nouvelle inquiétude pénible. — Ce-

lui qu'elle aimait, de qui elle était la fiancée, et que le devoir inflexible l'avait contrainte à repousser jusqu'alors, — se présentait en ce moment comme un époux. — Hélas! Sire, dit-elle, éclairée subitement par une réflexion douloureuse, des nœuds que rien ne peut rompre, car l'Église les a bénis, nous séparent encore; — Aude est votre épouse.

Tous les cœurs se glacèrent à ces mots. On savait Berthe trop religieuse pour transiger avec sa conscience.

Le vieux moine dans le sein de qui elle avait déposé ses scrupules et ses craintes arriva alors au palais de Herstal, attiré par le bruit de l'événement. — Il confirma ce que Berthe avait dit.

— Mais, interrompit en se levant l'évêque d'Auxerre, il y a pourtant une chance, — sans attendre la mort attestée de la fugitive, — de qui peut-être vous n'aurez jamais de nouvelles. Selon les lois des Francs, que respecte et que suit en ce point la discipline canonique, — le premier mariage du prince Peppin est nul, si Aude, comme il est probable, était serve et si elle n'a pas été affranchie. De plus, il y a eu erreur dans la personne...

Des acclamations d'allégresse s'échappèrent de toutes les poitrines pour accueillir ce trait de lumière.

Berthe se rappela alors qu'en effet, à la demande de son père, l'affranchissement d'Aude avait été remis au jour du mariage, qui n'avait pas eu lieu pour elle. Aussitôt elle tendit la main à Peppin, bénissant cette circonstance qui sauvait son bonheur.

Les noces de Peppin et de Berthe se célébrèrent avec une pompe extraordinaire, et les fêtes en furent prolongées durant un mois.

Berthe se montra sous la couronne aussi noble, aussi digne et en même temps aussi affable et aussi bonne qu'on l'avait vue chez le meunier. Elle fit apporter du moulin son rouet et sa quenouille, — déclarant qu'elle voulait filer elle-même le lin des chemises de son époux, et disant qu'une femme doit, jusque sur le trône, donner l'exemple du travail, qui est aussi une vertu, puisque la Religion en a fait un devoir.

Les peuples n'ont pas oublié cette parole de la

Peppin et Berthe, d'après un vitrail antique.

bonne princesse ; et lorsqu'on rappelle ces vieilles vertus de famille, qui deviennent rares, on dit encore qu'elles brillaient surtout — au temps où la reine Berthe filait.

Le meunier et sa femme furent comblés de biens. Les deux filles du meunier furent richement mariées, et demeurèrent les amies de la princesse, qu'elles avaient toujours traitée comme une sœur.

Jupille devint la résidence favorite de Berthe, que sa mère ne voulut plus quitter. Charibert abandonna aussi son comté de Laon pour rester auprès de son gendre. Dans cette grande année 742, Berthe accoucha d'un fils. Ce fils — un jour — s'appellera Charlemagne.

Quatre ans après le mariage de Berthe, Carloman, — dégoûté du monde, — laissa à son frère Peppin ses États ; et Peppin devint unique souverain de toutes les contrées occupées par les Francs. En 755, — il fut proclamé et couronné roi ; — en 752, le pape Étienne III, venu dans le pays des Francs, sacra le roi Peppin-le-Bref et la reine Berthe au Grand Pied.

Pendant ce temps-là, Carloman avait pris

l'habit religieux au Mont-Cassin près de Rome. Aude, qui s'était réfugiée aussi en Italie, sachant sa retraite, lui envoya son fils Léon, et s'en alla finir ses jours dans la pénitence, au fond d'un monastère.

Léon fut élevé saintement et ne sut jamais son origine. Devenu pape, sous le nom de Léon III,

dit la chronique, ce fut lui qui, en l'an 800, couronna dans Rome Charlemagne empereur.

Et c'est à Charlemagne que l'astrologue faisait allusion, lorsqu'il disait de Berthe : — Destinée à quelque chose de grand !

LÉGENDES DE LA NAISSANCE DE CHARLEMAGNE

Des longtemps on a remarqué que l'origine des hommes extraordinaires est presque toujours entourée de nuages. Ainsi on n'est pas d'accord sur le lieu de naissance de Charlemagne. Tout ce qui paraît certain, d'après les monuments contemporains, c'est qu'il naquit dans le voisinage d'Aix-la-Chapelle et de Liége; et les plus respectables opinions adoptent Jupille.

Berthe, son illustre mère, a été aussi l'objet de beaucoup d'incertitudes. Les chroniques du treizième siècle en font tour à tour une Allemande, une Anglaise, une Italienne, en lui donnant pour parents des rois qui n'existaient pas et pour patrie des villes qui n'étaient pas fondées. Nous avons suivi, dans la légende précédente, l'opinion la moins contestable; et nous l'avons reconstituée sur les probabilités les plus sérieuses. Quant à l'objection qu'on peut faire qu'il n'y avait pas alors de comtes souverains héréditaires à Laon, nous n'essaierons pas de la discuter. Charibert père de Berthe pouvait bien n'être que comte bénéficiaire. Mais on croit qu'il n'est guère possible de nier qu'il commandait à Laon en 737.

Nous allons rapporter toutefois quelques-unes

de ces chroniques, postérieures de plusieurs siècles à l'évènement, en ce qui concerne surtout la naissance de Charlemagne. Nous les résumerons le plus rapidement que nous pourrons.

I

EXTRAIT DE LA CHRONIQUE DE HENRI DE WOLTER, CHANOINE DE SAINT-ANSCHAIRE DE BRÈME[1]

EPPIN n'ayant pas de femme, disent ces vieux récits, on lui conseilla de se marier, de peur que le royaume ne restât sans héritier. Il suivit cet avis et chercha une compagne pour le mariage. Comme la renommée vantait la fille de Théodoric, roi de Souabe, de Bavière et d'Autriche, il envoya à ce prince des ambassadeurs pour la lui demander. Théodoric approuva cette alliance; les fiançailles se firent; il les célébra avec beaucoup de joie.

Peu de temps après, Peppin envoya de nouveau à la cour de Théodoric trois de ses leudes,

[1] Il écrivait dans la seconde moitié du quinzième siècle.

avec un appareil royal, afin qu'ils ramenassent Berthe sa fiancée, ce qui concernait la dot ayant été écrit et signé. Lorsque ces ambassadeurs furent partis, dans le chemin ils parlèrent entre eux de tuer la fille du roi Théodoric, et de donner pour épouse au roi Peppin la fille de l'un d'eux, en s'en rapportant à la décision du sort. Ils devaient la présenter comme si c'était celle pour qui ils avaient été envoyés. Le Roi ne connaît, disaient-ils, ni la fille de Théodoric, ni celle de chacun de nous. Il prendra l'une comme l'autre ; et par ce moyen le royaume aura un héritier de notre race.

Cet arrangement fait, les trois leudes arrivèrent à la cour du roi Théodoric, qui leur fit voir sa fille, avec toutes ses compagnes et sa suite nombreuse. Ils dirent au Roi :

— Il n'est pas nécessaire que personne de votre maison vienne avec nous. Nous avons une suite suffisante. Il ne nous faut que la jeune fille.

Le Roi y consentit et la leur livra toute seule.

Comme ils étaient en chemin pour leur retour, étant arrivés dans une forêt, à l'endroit où s'est bâtie depuis Karlstadt, ils se dirent entre eux :

— Il est temps ici de nous défaire de la jeune fille.

Et ils la conduisirent loin du sentier, dans l'intérieur de la forêt, pour la tuer.

Mais l'un d'eux, un peu attendri, dit à ses compagnons :

— Gardons-nous de faire mourir la jeune fille confiée à notre fidélité.

Les deux autres persévérant dans la résolution de la mettre à mort, il reprit :

— Quiconque la tuera me tuera aujourd'hui avec elle.

Il la prit aussitôt sous son appui et tira son épée pour la défendre. Les deux autres, voyant sa fermeté, craignant de le tuer, parce qu'il était aussi noble et aussi puissant qu'eux, et sachant que s'ils le tuaient il faudrait qu'ils s'exilassent, se contentèrent d'égarer la pauvre Berthe dans la forêt, comptant bien qu'elle ne pourrait jamais en sortir ; qu'elle y mourrait de faim, ou qu'elle serait dévorée par les bêtes féroces.

Ils firent ainsi.

La jeune fille avait environ douze ans ; et, quoiqu'on la fît venir à la cour de Peppin, le temps des noces devait être encore éloigné.

Dès qu'elle se vit seule, elle se mit à pleurer et à se lamenter. Puis elle pria avec ardeur. Et, comme le soleil était près de se coucher, elle entendit au loin le bruit que faisait un homme en coupant du bois. Elle courut de ce côté-là ; et voyant l'homme, elle s'assit auprès de lui en pleurant. Cet homme, à l'aspect d'une jeune fille seule, parée de riches habits, fut dans un grand étonnement. Il lui demanda qui elle était et d'où elle venait ? Mais elle ne lui répondit point, parce qu'elle ne comprenait pas sa langue.

L'homme ayant fini son ouvrage et pris le chemin de son logis, la jeune fille le suivit et y entra avec lui. Ce logis était un moulin. Le meunier reçut très charitablement l'inconnue, la donna pour compagne à sa fille, qui était à peu près du même âge, et l'aima bientôt comme s'il eût été son père.

Elle sembla néanmoins ne pas vouloir lui être à charge ; — car elle tira de son aumônière quelques bijoux, qu'elle envoya vendre à la ville, pour payer ses dépenses ; et elle se mit à vivre en fille de village, dans une grande humilité.

Pendant ce temps-là, une des filles des trois leudes, présentée comme fille de Théodoric, épousa le roi Peppin.

Or, il arriva, un peu après, que Peppin, chassant dans la forêt où demeurait le meunier, s'égara de sa suite et vint seul par hasard à la maison de ce meunier, aux approches de la nuit. Il demanda un gîte. Ayant été reçu, il ne dit pas qu'il était roi. Quand il fut entré, la jeune Berthe lui dénoua ses éperons, attacha son cheval, lava ses bottines et même ses pieds ; elle prit son épée et la serra ; elle lui fit cuire un pain sous la cendre et le servit à table.

Le Roi demanda au meunier si les deux jeunes filles qu'il voyait étaient à lui ?

— Oui, répondit le meunier.

Peppin fut frappé de Berthe. Mais il était loin de soupçonner sa condition, qui ne fut révélée que quelques années plus tard. Alors la reine, femme de Théodoric, ayant voulu revoir sa fille Berthe, partit un jour brusquement, et arriva à la cour du roi Peppin, avec un grand appareil de chevaliers et de chars. Au moment où elle entrait dans le palais, la femme de Peppin, ignorant que c'était là l'épouse du roi Théodoric et ne sachant pas pourquoi elle venait, se leva et fut à sa rencontre. La reine, voyant que cette dame n'était pas sa fille, tomba à la renverse. Ses serviteurs la relevèrent et s'empressèrent de la faire revenir de sa défaillance.

Lorsqu'elle eut repris quelques forces, elle s'écria : — Ah ! grand roi, où est ma fille, que je vous ai envoyée comme votre fiancée ?

On retrouva Berthe, qui raconta tout ce qui lui avait été fait. Ceux qui l'entendirent furent unanimement d'avis que la femme supposée et ses enfants devaient être mis à mort, ainsi que ceux qui avaient conduit la trame. Mais Berthe intercéda pour le chevalier qui l'avait défendue et qui avait empêché les autres de la tuer.

Le même jour, le roi la prit pour épouse et célébra ses noces avec magnificence.

Sur cette tradition, fondue avec celle qui suit, des écrivains ont bâti un roman-poème, où l'on verra Berthe princesse de Carniole.

II

EXTRAIT D'UN MANUSCRIT DU TREIZIÈME SIÈCLE, DE L'ABBAYE DE WÉCHENT [1].

ès que Peppin se vit appelé par le vœu public au trône de France, il déclara l'intention où il était d'extirper le paganisme en Allemagne. A cet effet, il fixa sa résidence dans le château de Wéchent, comme étant le centre de son empire, et il y fonda un monastère.

Peu après, Kœrling, roi de *Brittaïa*, lui offrit sa fille en mariage. Mais, avant d'accepter cette proposition, Peppin voulut avoir le portrait de la Princesse, en échange du sien, qu'il lui envoya. Il fut enchanté de sa beauté.

A la vue de ce portrait, son premier intendant, qui était en même temps son favori, témoigna un vif désir de voir la princesse elle-même,

---

[1] Prés de Frisingen. Ce manuscrit a été publié à Munich en 1803.

pour pouvoir certifier à son maître la ressemblance du portrait et de l'original. Il se rendit en conséquence à la cour du roi Kœrling. Il y reçut un très bon accueil et vit la Princesse. Sa beauté lui parut répondre parfaitement au portrait. Mais il remarqua aussi qu'elle ressemblait beaucoup à sa propre fille ; et là-dessus il forma un projet, dont cette ressemblance et la confiance que lui accordait Peppin devaient favoriser l'exécution.

Le roi Kœrling lui ayant dit qu'il se proposait de faire accompagner la princesse jusqu'au château de Peppin, par une brillante escorte, l'intendant lui répliqua que son maître avait ordonné qu'un certain nombre d'hommes à lui vinssent à la rencontre de sa fiancée, à la moitié du chemin et que son désir était qu'elle fût remise entre leurs mains. Le roi y consentit. La princesse, après avoir pris congé de son père et l'avoir tendrement embrassé, partit avec la garde qu'il avait chargée de l'accompagner. Arrivée au lieu indiqué, cette garde se retira, remettant la fiancée, non aux gens de Peppin, comme elle croyait le faire, mais aux mains des agents de l'intendant, qu'elle prit pour ceux du roi des Francs.

La princesse fut conduite par sa nouvelle escorte dans la partie la plus sauvage d'une forêt. Là, on la dépouilla de ses vêtements, et on lui fit prendre ceux de sa rivale, à qui elle fut également contrainte de céder l'anneau nuptial dont on avait orné son doigt.

L'intendant avait fait jurer à ses complices qu'ils égorgeraient l'infortunée princesse, et que, pour preuve de cette horrible exécution, ils lui apporteraient sa langue. Ils emmenèrent donc leur victime à l'écart, pour que le crime ne pût être découvert. La princesse les ayant priés de lui laisser son petit chien et de permettre qu'elle emportât une boîte contenant de l'or et de la soie, après quelques hésitations, ils y avaient consenti. Ayant de la sorte commencé à s'adoucir, ils furent insensiblement touchés de sa beauté, de ses larmes, de son innocence, et renoncèrent à leur funeste dessein, en lui faisant jurer qu'elle ne les trahirait point.

Mais il s'agissait de satisfaire celui qui les avait envoyés et de lui offrir les preuves qu'il avait exigées de la consommation du forfait. Ils lui rapportèrent la chemise de la princesse, percée de coups de poignard et teinte du sang du petit chien; ils y joignirent la langue du pauvre animal, qu'ils avaient arrachée de sa bouche. L'intendant, se fiant à ces apparences, poursuivit son projet; il présenta sa fille à Peppin, au lieu de la princesse, et il la lui fit épouser.

Quant à la malheureuse Berthe, elle erra quelque temps dans la forêt et trouva enfin un asile dans la maison d'un meunier. Dans la situation où elle était, l'or et la soie qui lui restaient, et qui étaient la seule partie de ses richesses dont on ne l'eût pas dépouillée, furent pour elle une ressource. Elle en fit différents ouvrages que son maître allait vendre à Augsbourg.

Elle passa ainsi sept années.

Enfin Peppin, en suivant la chasse, arriva un jour dans le voisinage de cette retraite ignorée. — Il s'égara, et parvint, de nuit, après diverses aventures, à la maison même que le meunier et la princesse habitaient.

Il n'avait avec lui que son médecin, qui,

étant versé dans l'astrologie, découvrit que cette maison recélait la légitime épouse du roi. Il le dit à Peppin, à qui la princesse Berthe raconta sa déplorable histoire. Elle fut rétablie dans le rang qui lui appartenait ; l'intendant fut puni ; et Berthe donna à Peppin un fils, — qui fut Charlemagne [1].

Voici encore une autre version.

C'est un poëme, composé au treizième siècle, fidèle au fond à la tradition populaire, altéré comme les légendes précédentes dans la plupart des détails. Il a été publié récemment par M. Paulin Pâris. Il avait été analysé dans la *Bibliothèque des Romans* ; il l'a été aussi dans le tome V du *Magasin Pittoresque*. On le doit à un poète, célèbre en son temps, Adenez-le-Roi (roi des menestrels). Nous nous aiderons du poème et des analyses déjà faites.

---

[1] Ces deux récits sont extraits d'un travail publié par M. Éloi Johanneau, dans les *Mémoires de l'Académie celtique*.

III

ANALYSE DU ROMAN DE BERTHE AU GRAND PIED PAR ADENEZ-LE-ROI

ous voyons la scène s'ouvrir par une séance royale. Le roi Peppin, entouré de ses barons, leur fait connaître la résolution qu'il a prise de se marier et les consulte sur la femme qu'il doit choisir. On lui indique Berthe, fille du roi de Hongrie, comme la plus parfaite et la plus digne. Peppin se décide à demander sa main; il envoie dans ce dessein des ambassadeurs en Hongrie, où ils reçoivent tout l'accueil qu'ils pouvaient désirer.

Berthe a été élevée avec une jeune fille de condition obscure, mais lui ressemblant trait pour trait, et à cause de cela, affranchie avec sa famille par la reine. Cette bonne reine Blanchefleur, ne voulant pas laisser partir sa fille seule pour un pays si lointain, et croyant pouvoir mettre sa confiance dans une famille qu'elle a comblée de ses bienfaits, la charge de veiller sur Berthe; cette famille part pour la France, avec les ambassadeurs et la fiancée.

Cette famille, la mère surtout, *l'orde vieille sorcière,* qui s'appelle Margiste, va causer tous les malheurs de Berthe. Abusant de l'innocence et de la simplicité de la jeune princesse, la vieille Margiste substitue à sa place, après la cérémonie du mariage, sa fille Aliste, s'empare de Berthe, et après l'avoir garrottée et bâillonnée l'envoie, sous la conduite de son neveu Tybers-le-Hongrois et de trois hommes d'armes, dans une forêt lointaine, celle du Mans, pour qu'on l'y mette à mort et que toute trace du crime soit ainsi cachée.

Les hommes d'armes la prennent pour la fille de la nourrice.

— Hélas! Seigneur Dieu, dit-elle, moi qui n'ai jamais fait de mal à personne, quelle expiation faut-il donc que je subisse? Pourquoi suis-je ainsi abandonnée aux méchants? Hélas! jamais je ne reverrai donc ma douce chère mère, ni mon père le roi Flores, ni ma sœur, ni mon frère!

Après cinq jours de marche, on est arrivé dans la forêt.

Tybers-le-Hongrois fait mettre pied à terre à tout le monde, et dégaînant son épée se prépare à tuer la princesse. Mais les hommes d'armes, touchés de sa beauté, de ses pleurs, s'opposent à ce que le Hongrois exécute son cruel dessein. Ils prennent le parti de la victime, brisent ses liens et la laissent s'échapper dans le grand bois, en la mettant, pour dernier adieu, sous la garde du Seigneur.

Berthe, ainsi délaissée, par un temps affreux, se trouve seule au milieu d'une forêt sombre et sauvage, avec toutes ses terreurs de jeune fille. Elle entend hurler les loups et les chats-huants. Elle songe à sa mère, tranquille dans son beau

Elle avance avec précaution à travers le bois.

palais de Hongrie, et se demande ce que deviendrait cette pauvre mère, — si elle pouvait se douter de la peine où gémit sa malheureuse fille. Elle se recommande à Dieu, le suppliant, — avant tout, — de la protéger contre toute rencontre funeste à son honneur. Elle s'abrite comme elle peut sous son manteau, — avançant avec précaution à travers le bois, — timide, inquiète, mettant toute son espérance dans la prière et dans son innocence.

Elle regardait à droite et à gauche, devant et derrière ; puis elle s'arrêtait, pleurait abondamment ; elle *s'agenouillait à nus genoux*, baisait humblement la terre, tordait *ses belles mains blanches*, et se recommandait sans cesse à Dieu et à sa sainte Mère.

Après avoir passé la nuit dans le bois, sous un toit de feuillage, elle se remet en marche au point du jour, à demi morte de faim, de froid et de frayeur. Elle fait alors un vœu touchant. Ne voyant aux maux qu'elle souffre aucune cause dont elle puisse humainement se rendre compte, elle s'imagine que c'est Dieu qui les lui envoie pour l'éprouver et la rendre digne par cette épreuve de mériter un jour les récompenses du paradis. Elle promet donc à Dieu, s'il protége sa vie, de se résigner à sa volonté et de ne jamais révéler à personne, ni la dignité de son rang, ni sa cruelle aventure. C'est là le nœud du poème.

— Or, doux sire, dit-elle, veuillez me tirer de ce péril; et je veux, par votre amour, vouer un vœu, que je tiendrai toujours sans fausser : c'est que jamais, tant que je vivrai, je ne dirai que je suis fille du Roi et à Peppin *femme épousée.*

Cette prière faite, elle reprend courage et s'avance avec plus de hardiesse à travers l'épaisseur de la forêt. Enfin elle a le bonheur de trouver un sentier frayé; elle se croit sauvée; elle marche, marche longtemps, la joie et la confiance sont rentrées dans son cœur. Après bien des fatigues, elle arrive à la porte d'un ermitage; elle frappe; l'ermite ouvre une petite fenêtre. En la voyant, il fait un signe de croix et implore la miséricorde de Dieu, prenant la vue de cette douce créature pour quelque embûche du démon. Berthe a beau le supplier, ses vœux lui interdisent de donner accès dans son ermitage à aucune femme. Mais, touché des larmes de la suppliante et de son état de détresse, il lui tend un morceau de pain. Ce pain est noir, *plein de paille et fait de farine que l'on n'a pas blutée*. L'ermite consent ensuite, par charité, à sortir pour Berthe de sa cellule et à la mettre sur le chemin d'une habitation, située à peu de distance, où il lui prédit qu'elle sera bien reçue.

Les sentiments que le Christianisme avait répandus autour de lui éclatent dans l'accueil fait à Berthe en cette maison. C'est l'hospitalité antique, jointe à la fraternité de l'Evangile. Pour demeurer fidèle à son vœu, Berthe, rencontrant Symon, le maître de la maisonnette, lui conte qu'elle vient d'Alsace, et que, contrainte à fuir une marâtre, elle s'est mise en route et s'est égarée dans la forêt. Symon l'amène à Constance, sa femme.

— Dame, dit-il, regardez ce dont je vous fais présent.

Constance remercie son mari ; elle est trop heureuse de pouvoir obliger la pauvre jeune femme, toute morfondue et toute dolente, que le Ciel lui envoie. Elle prend Berthe par la main *très courtoisement*, et, la voyant pleurer de froid, pleure de compassion sur elle, l'emmène dans sa chambre, la fait coucher devant un bon feu. Ayglente et Isabelle, ses deux filles compatissantes, la frottent et la réchauffent. Selon les mœurs saintes et honnêtes du moyen-âge, Symon s'éloigne après avoir rangé le feu. C'est Constance qui déshabille la malheureuse princesse, pour la mettre dans un bon lit ; ce sont les deux jeunes filles qui font chauffer des serviettes.

Symon rentre alors : — Je crois, dit-il, qu'elle a faim.

Mais la pauvre Berthe, quoique n'ayant pas mangé depuis la veille au matin, se sent si lasse, que la nourriture ne lui fait pas envie. Ce n'est qu'après avoir bien dormi qu'elle commence à se remettre un peu.

> Lors l'une lui apporte à manger d'un poussin,
> Et l'autre de fraîche eau lui retrempe son vin.

Bientôt Berthe, par sa douceur et la grâce de son parler et de son caractère, se fait tant aimer, qu'on ne peut plus se passer d'elle. Les deux jeunes filles savent broder à l'aiguille, en or et en argent, et se croient habiles ouvrières. Mais Berthe leur montre bien autre chose. Elles sont dans le ravissement ; elles courent à leur mère, la supplient de venir voir l'ouvrage de Berthe :

— Si Berthe s'en va, disent-elles, elles ne peuvent plus vivre.

— Constance accueille avec joie la prière de ses filles ; elle leur promet qu'elle fera tous ses efforts pour leur conserver la compagne que Dieu leur a donnée.

N'oubliant pas son vœu, elle ne révèle à qui que ce soit le secret de son rang. Elle se trouble quelquefois quand elle entend parler de la reine ; mais rien ne lui échappe, et personne ne soupçonne en elle autre chose que ce qu'elle a raconté.

Souvent elle soupire à la pensée de sa mère, qu'elle ne verra plus, et du bon Roi, son père. Mais elle se résigne et demeure dans cette maison, calme et paisible comme un ermite.

Cependant le temps marche et la reine Blanchefleur cède enfin au désir de revoir sa fille. Les nouvelles qu'elle en reçoit de temps à autres, par des messagers, ne lui suffisent plus. Elle veut, après une longue séparation, pouvoir de nouveau la serrer dans ses bras. Elle est loin de se douter que l'infortunée, chassée par la trahison de la cour du roi Peppin, est maintenant cachée, depuis huit ans, dans un obscur manoir de la forêt du Mans, et que son indigne servante, effrontément assise sur le trône, passe pour elle et tient sa place.

A peine la reine a-t-elle mis le pied sur le sol de la France, que de toutes parts elle entend des plaintes contre Berthe. A mesure qu'elle avance, les malédictions deviennent plus vives et plus violentes ; le peuple se venge sur elle des maux que lui fait endurer la reine infâme, qui est venue de Hongrie et que l'on croit fille de Blanchefleur. Cette malheureuse, en effet, conseillée par sa mère, ne songe qu'à s'enrichir par mille exactions, aux dépens du peuple. L'avarice est sa seule passion, et il n'est pas d'injustice qui l'arrête.

Elle était si mauvaise, que, — depuis le crime auquel elle devait son élévation, — elle n'avait plus mis le pied dans une église. — Car il se trouvait qu'elle ne pouvait jamais entendre une messe entièrement. *Dieu ne le voulait pas*, dit le poète.

La douleur de la pauvre reine fut bien grande en apprenant de telles nouvelles de sa fille. Elle ne peut revenir de son étonnement. Comment Berthe, élevée dans des sentiments si pieux et si charitables, a-t-elle pu ainsi changer? Comment l'avarice a-t-elle pu succéder à la générosité, la dureté du cœur à la tendresse! Blanchefleur se promet bien de faire rendre à sa fille, avant de la quitter, tout ce qu'elle a si méchamment extorqué.

La nouvelle de l'arrivée de Blanchefleur met, comme on le pense bien, le château en émoi. Aliste s'effraie; elle craint que le regard perçant d'une mère ne la démasque. Elle veut rassembler tout son argent et s'enfuir en Italie ou en Sicile. Mais la vieille Margiste la rassure et se charge de tout. Le danger serait que la reine Blanchefleur aperçût les pieds d'Aliste; car c'est là qu'est la plus grande différence entre elle et la vraie Berthe. Celle-ci, fille de sang royal, a des pieds très longs, ce qui était (au treizième siècle, époque du poète) une marque de beauté et de haute condition, tandis qu'Aliste, fille de race serve, n'a que des pieds de dimension médiocre.

Mais on convient qu'Aliste feindra d'être malade ; qu'elle se tiendra dans son lit ; qu'elle évitera même, si c'est possible, sous le prétexte d'une émotion trop vive, de voir la reine.

Blanchefleur entre dans Paris ; le roi Peppin est allé au-devant d'elle jusqu'à Montmartre, et lui a annoncé que la joie a tellement frappé sa fille, qu'elle en est tombée malade. A l'entrée du palais, la vieille Margiste s'en vient parmi les autres à la rencontre de la reine. Blanchefleur la reconnaît aussitôt, et sortant de sa préoccupation douloureuse :

— Margiste, où est ma fille ? dit-elle. Il faut que je la voie.

— Dame, répond la vieille, prenez patience. Au bruit de votre arrivée qu'elle a désirée si longuement, la joie l'a tellement bouleversée, qu'il a fallu la mettre au lit. Laissez-la reposer jusqu'au soir.

A ce discours, Blanchefleur est tout épouvantée. Elle entre brusquement dans la salle ; le roi Peppin cherche à la consoler ; il la fait asseoir avec lui à un grand banquet où sont admis *qua-*

tre cents chevaliers. Mais Blanchefleur n'est occupée que de sa fille.

Le repas est achevé à peine, qu'elle retourne dans l'appartement où elle doit trouver Berthe. La vieille, tout effrayée, l'arrête.

— Berthe repose, dit-elle ; elle ne pourra voir sa mère que le soir ; les médecins s'opposent jusque-là à l'entrevue.

Pendant deux jours on empêche ainsi Blanchefleur d'approcher du lit. Elle n'y peut plus tenir ; il faut qu'elle voie sa fille ; elle se fait ouvrir de force l'entrée de sa chambre. Mais elle trouve toutes les fenêtres soigneusement fermées. Les médecins ont sévèrement défendu la moindre clarté. N'importe ! elle va s'asseoir près du lit où repose Aliste. Celle-ci commence l'entretien timidement, froidement, à voix basse ; elle demande des nouvelles de son père ; elle se plaint de ne pouvoir fêter sa mère comme elle l'eût souhaité.

A un tel langage, Blanchefleur reconnaît que celle qui lui parle n'est point sa fille. Berthe, en la revoyant, aurait éprouvé d'autres transports ; Berthe, même à demi morte, se fût jetée à son cou.

— Ce n'est pas ma fille que j'ai trouvée ici! dit-elle.

Elle appelle ses gens; elle abat les rideaux; puis, ouvrant les fenêtres pour donner passage à la lumière, elle revient au lit, en arrache la couverture à deux mains, et apercevant les pieds de la serve, s'écrie :

— Ah! trahison! trahison! ce n'est pas ma fille! Ils ont tué mon enfant!

Peppin accourt; elle reprend en pleurant : — Roi, où est ma fille, la belle blonde aux longs cheveux, la douce, la courtoise, la bien élevée, Berthe la débonnaire? Il faut que vous la retrouviez, si vous ne voulez pas que je meure! Roi, ce n'est pas ma fille qui est couchée là, c'est la fille de Margiste.

La vieille Margiste et son neveu Tybers sont mis à la torture, et tous deux avouent leur crime. La vieille est condamnée au feu, Tybers à être traîné sur la claie jusqu'à la potence de Montfaucon. Le roi fait grâce à Aliste, qui va s'enfermer pour la vie à l'abbaye de Montmartre.

On dépêche aussitôt à la forêt du Mans, afin

de prendre des informations et de retrouver, s'il se peut, la trace de l'infortunée Berthe. Le bruit en vient aux oreilles de Symon. Il se demande si cette belle jeune fille qu'il a rencontrée si singulièrement dans la forêt ne serait pas la reine? Il lui raconte ce qui vient de se passer à la cour et lui communique ses soupçons. Berthe se trouble à ce discours. Mais, se rappelant le vœu solennel qu'elle a fait, elle répond à Symon qu'il se trompe. Symon considère qu'en effet il faudrait qu'elle fût folle pour demeurer dans un bois, si elle pouvait aller jouir à la cour des honneurs de son rang; et il abandonne son idée.

Aucun renseignement n'ayant pu être recueilli dans la forêt du Mans, le roi Peppin y vint lui-même à la recherche.

Un jour qu'il se promenait au hasard dans la forêt, il aperçoit tout à coup une jeune fille modestement vêtue et cheminant seule; c'était Berthe qui revenait d'une petite chapelle où elle était allée, selon ses habitudes, faire sa prière pour ses parents et pour le roi, et qui retournait à la maison de Symon. Son air rappela vaguement au roi des traits connus. Séduit par la grâce de sa tournure et la douceur de son langage, il en devient épris. Il cherche d'abord à la tromper, se donnant pour un grand seigneur de la cour et lui promettant de la conduire en France ; puis, étonné de ses refus, il la menace de l'enlever.

Ici se montre l'art très habile du poète, qui a suspendu jusque-là l'intérêt et qui force Berthe de se dévoiler elle-même. Placée entre la fidélité à son vœu et la perte de son honneur, elle ne balance plus :

— Sire, dit-elle, au nom de Dieu et de sa sainte Mère, je vous défends d'avoir sur moi une pensée coupable ; je suis reine de France, femme du roi Peppin, fille du roi Flores et de la reine Blanchefleur, sœur de la dame de Saxe et du duc de Pologne, et je vous ordonne de vous retirer.

Le Roi, émerveillé, ne se fait pas connaître ; il reconduit respectueusement la jeune fille. Mais à peine se voit-elle en sûreté, qu'elle revient à son vœu. Elle veut faire croire que ce qu'elle a dit à l'inconnu n'était qu'une ruse pour l'obliger au respect. Cette version n'est plus si facilement admise ; on commence à soupçonner qu'un vœu la lie. Dans cet embarras, Peppin envoie des messagers en Hongrie, pour faire savoir au roi Flores et à la reine Blanchefleur ce qu'il a découvert et les engager à revenir en France.

Le père et la mère de Berthe se remettent en route. Accompagnés de Peppin, ils se rendent en secret, et sans que Berthe soit prévenue, dans la forêt du Mans. La pauvre reine Blanchefleur ne peut ni boire, ni manger, qu'elle n'ait revu sa fille. — Enfin, on arrive au manoir de Symon. Berthe est toute seule dans sa chambre, occupée à ouvrer pieusement un drap d'autel. On entre; elle reconnaît sa mère, elle se lève, court dans ses bras et tombe à ses pieds. Les tendres baisers de son père et de sa mère la raniment. Peppin, en qui elle reconnaît le chevalier mystérieux qui lui avait causé tant de frayeur dans la forêt, n'est plus repoussé.

— Si c'est vous qui êtes Peppin, lui dit-elle, *j'en remercie Dieu.*

On se met en route pour Paris. Berthe ne veut pas se séparer de ses deux amies Isabelle et Ayglente ; on emmène à la cour toute la famille de Symon, que le Roi récompense richement.

Berthe devient mère de Charlemagne ; — et dans les caveaux de Saint-Denis, jusqu'à la sanglante apparition de 1793, son tombeau n'avait pas d'autre inscription :

BERTHA MATER CAROLI MAGNI.

Ce beau poème de *Berthe aux Grans Piés* est, comme nous l'avons dit, l'élégant ouvrage d'Adénès, aidé de la spirituelle Marie de Brabant, reine de France, épouse de Philippe-le-Hardi.

Nous pourrions rapporter beaucoup d'autres autorités ; ce serait fatiguer le lecteur et entrer dans de nouvelles répétitions.

Les plus anciennes traditions s'accordent à dire que Berthe fut reconnue par ce fait qu'elle avait un pied plus long que l'autre. Adénès, pour faire sa cour à l'aimable Marie de Brabant, qui avait les pieds longs et qui amena la mode bizarre des longues chaussures, lui donne de grands pieds comme distinction. Les idées à ce sujet ne sont plus les mêmes.

M. Paulin Pâris dit, en tête de la belle édition qu'il a donnée du roman de *Berthe aux Grans Piés* :

« Le nom seul de la reine Berthe rappelle notre plus vieux *bon temps*. Je ne sais si vous avez remarqué, au milieu des statues dressées devant les portes de nos grandes églises gothiques, la figure connue dans toute la France sous le nom de *la Reine Pédauque ;* c'est encore l'héroïne de notre roman, laquelle, il faut le dire, est redevable de cet injurieux surnom aux pieds dont l'indiscrétion du statuaire nous révèle les larges dimensions. Durant sa vie, on la surnommait Berthe-aux-Grands-Pieds, après sa mort elle ne fut plus que la Reine-aux-Pieds-d'Oie. »

Nous pensons que M. Paulin Pâris se trompe. Là reine Berthe-au-Grand-Pied n'est pas la reine Berthe-au-Pied-d'Oie (pied au singulier dans les deux cas). Bullet dans sa *Mythologie française*, démontre que la reine Pédauque (mot qui veut dire Pied d'Oie), si célèbre à Toulouse, à Dijon, à Nevers et ailleurs, toujours représentée dans les monuments gothiques avec un pied d'oie, un seul, — est la Berthe de Bourgogne, épouse du bon roi Robert, — laquelle eut des sculpteurs la patte d'oie, justement pour la distinguer de la première Berthe, et en souvenir de l'excommunication dont elle fut frappée.

Berthe-au-Grand-Pied mourut en 783. On voit, dans Éginhart et dans quelques autres annalistes, que son fils Charlemagne avait la plus grande déférence pour ses vertus et sa sagesse.

L'INTENDANT DU PALAIS DE HERSTAL

> Le prince était grand, l'homme l'était davantage.
> MONTESQUIEU.

Eh bien ! Éverart, disait un noble guerrier tout couvert de fer, en ôtant son casque pesant qu'il plaçait sur une table de marbre, dans la salle d'armes du palais de Herstal, et s'adressant à un vieux soldat, vêtu d'une blouse de laine et coiffé d'un bonnet de même étoffe façonné en toque, orné de trois petites plumes de pintade ; — eh bien, Everart, comment vont les blessures ?

— Pas mal, seigneur. Mais voici venir l'automne ; et les temps pluvieux me ramènent des souvenirs. La javeline que j'ai reçue de ces enragés Saxons, à la bataille du Torrent, m'a fait à la cuisse une balafre qui, lorsque le ciel est humide, ne me permet pas d'oublier ce jour-là. Alors je pense à vous, seigneur ; c'est votre hache qui a renversé la statue du dieu des païens, et du même coup l'homme qui m'avait frappé.

— J'ai été plus heureux que toi, mon brave ; car je suis resté soldat.

— Et vous êtes devenu comte, et chef de cent hommes d'armes ; c'est vrai. Mais Charlemagne oublie plutôt de punir que de récompenser. Je n'ai pas à me plaindre. J'occupe un poste qui me permet de le voir quelquefois.

— Intendant du palais de Herstal, il t'a donné là, en effet, un heureux emploi. Mais, tu le sais, Everart, ce prince, si prodigue envers nous, est économe pour lui-même ; et je t'apporte des ordres et des règlements pour l'administration du domaine qui t'est confié.

— Quoi ! des règlements pour moi seul ! dit Everart en se redressant. L'Empereur se défierait-il de son vieux serviteur ?

— Non pas. Il y a, je pense, assez longtemps

qu'il te connaît. C'est une loi pour tous ses domaines.

— Ah ! c'est très bien pour lors. Je suis contre les abus.

— La voilà. Sais-tu lire ?

— Vous savez bien que non.

Everart soupira.

— Moi j'ai appris, dit le guerrier, depuis que l'empereur a établi des écoles. Cela m'a donné un peu de peine ; mais c'est agréable. Écoute donc.

« Premièrement. Les intendants des domaines de l'empereur situés dans ce pays seront tenus, le jour de la Saint-Martin d'hiver, d'amener au palais où Charlemagne se trouvera alors tous les poulains, de quelque âge qu'ils soient, afin que l'empereur les passe en revue. »

— Mais c'est à merveille, s'écria Everart ; mais c'est très bien. C'est un avis que j'ai moi-même donné à l'Empereur. Lui qui a besoin à tout moment de remonter sa cavalerie, on ne le volera plus, le digne prince. Quant à ce qui me concerne, dans ses métairies qui sont répandues sous ma surveillance au pays des Ardennes, j'ai de quoi lui fournir tous les ans de bons palefrois pour trois cents cavaliers.

— « Secondement. On élèvera dans la basse-cour de chaque métairie au moins cent poules et trente oies. »

— A la bonne heure ! Car lorsqu'il vient, le noble Empereur, avec toute sa suite immense, lui qui est généreux, cela fait un pillage... Désormais nous aurons de la ressource.

— Pour toi, à Herstal, je te recommande les oies. Tu sais que Charlemagne, qui est sobre, aime beaucoup l'oie rôtie.

— Chacun a son goût; c'est un peu gras.

— Oui; mais c'est très friand. Suivons. « Il y aura toujours, dans les métairies de l'Empereur, des moutons et des cochons gras... »

— C'est ce que je dis sans cesse. Il n'y en a jamais assez.

— On en consomme tant! l'Empereur, qui se plaît dans ce pays-ci, y vient souvent.

— Naturellement. Il y est né.

— De plus. « Il y aura au moins, dans chaque métairie, deux bœufs gras, pour les besoins du palais. »

— Ce n'est pas assez.

— La loi dit *au moins*. Tu peux en avoir davantage. De plus. « Les intendants feront saler le lard. Ils veilleront à la confection des cervelas et des andouilles..... »

— Il y a cela dans la loi ?

— Exactement.

— Cet homme pense à tout.

— « Ils soigneront le vin. Ils serreront la cire dans un lieu sec. Ils feront des provisions de vinaigre, de moutarde et de beurre. Ils auront en réserve des fromages et du miel. Ils conserveront du sirop de mûres. Ils auront dans leurs caves de la bière et de l'hydromel. »

— Nous avons de tout cela.

— « Pour la dignité des maisons royales, les intendants élèveront des laies, des paons, des faisans, des sarcelles, des tourterelles, des perdrix et des pigeons. »

— Diable ! les sarcelles me manquent et je n'ai qu'une laie. Mais j'ai des lapins, des chèvres...

— Ce n'est pas la même chose. Il faut avoir des laies et des sarcelles. L'Empereur peut arriver...

— Je le sais, d'un moment à l'autre, quand on l'attend le moins. Demain, nous aurons tout cela.

— Je te le conseille. Vois-tu quelle honte pour toi, si Charlemagne venait et qu'il dît : Voyons nos sarcelles ? Pourrais-tu faire passer tes lapins pour des sarcelles ?

— Ni mes chèvres pour des laies. Nous aurons cela ce soir.

— « Les fermiers des métairies fourniront, aux manufactures de l'Empereur, de la laine... »

— Nous le faisons.

— « Du lin... »

— Nous n'en manquons pas.

— « De l'huile et du savon, de la garance, du vermillon et du pastel. »

— Je suis en règle sur tous ces points.

— « Ils fourniront aussi les instruments à carder. De plus, les intendants ne permettront pas qu'on foule la vendange avec les pieds. » L'Empereur veut que le vin soit fait convenablement.

— C'est encore une de mes idées, dit le vieux soldat, d'un air triomphant. Le vin que nous faisons ici, avec le raisin du pays, est pressé au moyen d'une vis qui abaisse dans la cuve un couvercle de bois. Aussi l'Empereur a dit que le vin qu'il buvait avec le plus de plaisir était le nôtre.

— « Il est enjoint aux intendants de vendre pour le compte de l'Empereur tout ce qui excède les besoins dans ses domaines, comme les œufs des métairies, les poissons des rivières, les légumes et les fruits. Tous ces objets seront portés aux marchés publics. »

— Nous y vendons même des jambons, des porcs entiers, des moutons...

— Des agneaux et des veaux?...

— Non pas. Ce serait une détestable économie. Les agneaux peuvent devenir des moutons et les veaux des bœufs. Aussi l'Empereur m'a toujours paru satisfait de mon administration. Il m'a même dit avec bonté que les domaines que je gouverne sont ceux qui produisent le plus.

— Tu n'as donc qu'à continuer, mon brave. Voici maintenant pour les jardiniers. « On cultivera dans les jardins de l'Empereur toutes sortes de plantes, de légumes et de fleurs, mais spécialement des choux, des ognons, de l'ail, du cerfeuil, des haricots, de la laitue, du cresson alénois, de la menthe romaine, ordinaire et sauvage, de l'herbe aux chats, des concombres, de la sauge, du baume et des roses. »

— Diable ! je n'ai pas de sauge.

— Il faut en avoir. L'Empereur en a pris l'habitude depuis son dernier voyage d'Italie. Lorsqu'il a mal digéré, ce qui lui arrive quelquefois, quoiqu'il mange peu, il prend le matin une légère décoction d'eau de sauge, avec du lait et du miel, et il s'en trouve très bien.

Everart ne répliquant pas, sans remarquer sa préoccupation, le comte guerrier poursuivit :

« Les chariots destinés à l'armée et conservés dans les domaines de l'Empereur doivent être tenus en bon état. Les coussins de paille ou de foin qui les garnissent doivent être couverts de bon cuir, et si soigneusement cousus, qu'on puisse au besoin s'en servir comme de bateaux pour passer une rivière... »

Au moment où ce mot se prononçait, il fut couvert par de grands cris de joie. On était accoutumé à en entendre de tels dans Herstal ; car

Charlemagne y venait souvent. C'était en effet l'Empereur, qui arrivait sans être attendu.

Avant d'aller à sa rencontre, le guerrier voulut dire encore un mot à l'intendant: il avait disparu, comme si c'eût été un esprit. Le comte le chercha et ne le trouva plus.

Un instant après, Charlemagne entra; il parut revoir avec plaisir sa demeure favorite. Il ne prit de repos qu'après avoir écouté toutes les requêtes que les habitants avaient à lui faire, car il s'occupait de tout, des moindres détails comme des plus grandes choses.

Au bout d'une heure, l'Empereur allait se mettre à table, et il demandait son vieil intendant, lorsque enfin, à travers la vaste fenêtre qui, de la salle à manger du palais de Herstal, donnait sur la grande porte d'honneur, l'Empereur lui-même aperçut Everart, rentrant tout essoufflé, accompagné de six garçons de ferme qui conduisaient devant lui un troupeau de laies; six autres portaient des paniers remplis de sarcelles; et les douze jardiniers sous ses ordres arrivaient avec des plants de sauge qui garnirent bientôt un carré du jardin.

Le guerrier qui avait lu une partie du capitulaire *De Villis* à l'intendant expliqua au prince cet empressement du brave Everart. Charlemagne sourit ; et, dès qu'il vit paraître son vieux fidèle, il se contenta de lui dire, en lui mettant la main sur l'épaule, ce qu'il faisait souvent en signe de bienveillance :

— Votre fils, Everart, est aussi un cœur vaillant. Je viens de le faire capitaine de cent hommes.

L'intendant pâlit de joie ; il essuya une grosse larme, et répondit enfin :

— Sire, nous avons de la sauge...

Montesquieu dit qu'un père de famille peut apprendre à gouverner ses biens, dans le capitulaire qu'on vient de voir sommairement. Mais où peut-on apprendre à se faire aimer et à se faire comprendre comme Charlemagne le savait si bien?

Wernem... à Rome devant Régine

L'ÉTANG DU NID DE CHIEN

Lorsque l'Empereur Charlemagne, ce prince prodigieux, comme l'appelle Montesquieu, vint en l'année 804, accompagné de la belle Régine, son épouse, prendre quelques jours de repos dans la contrée où depuis s'est élevée Bruxelles, il amenait avec lui le saint pape Léon III, qui l'avait couronné empereur d'Occident. L'Impératrice, le Pape et l'Empereur se logèrent dans un château dont on retrouverait difficilement les traces aujourd'hui, et qui était situé sur la montagne occupée en partie, dans la capitale du Brabant, par la Vieille-Halle-aux-Blés.

Né dans ces belles provinces, Charlemagne en aimait le séjour. Il avait alors soixante-deux ans et paraissait jeune encore. On admirait son port majestueux, sa démarche aisée, son visage agréable, son nez un peu aquilin, ses yeux grands et pleins de feu, ses cheveux doux et châtains, son air riant et abordable.

C'était au mois de mars. L'Empereur ne portait qu'un pourpoint de peau de loutre, sur une tunique blanche bordée de soie rouge fabriquée dans le pays de Liége. Un manteau bleu couvrait ses épaules. Sa chaussure, formée de bandelettes tricolores, ressemblait au brodequin écossais.

Il venait de Soissons et se rendait à Aix-la-Chapelle, occupé de ses guerres avec les Saxons.

Il laissa Régine[1] au château brabançon que l'on appelait le *Val-des-Roses;* nom qui s'est conservé, mais qui ne désigne plus qu'une rue étroite à Bruxelles.

Un frère naturel de Charlemagne, que des chroniques nomment Tallen et d'autres Wenneman, avait suivi l'Empereur jusque-là. Secrètement épris depuis longtemps de la belle Régine, il crut l'occasion favorable à ses projets. Il obtint de rester avec l'Impératrice ; et, quoiqu'elle joignît les plus grandes vertus à la beauté la

---

[1] Des légendes sur lesquelles M. Alexandre Dumas s'est appuyé remplacent, dans cette aventure, Régine par Hildegarde.

plus rare, il osa bientôt avouer son amour criminel. Vainement Régine lui rappela qu'elle était l'épouse de Charlemagne, et qu'il voulait déshonorer son frère ; sa passion était devenue si violente, qu'il ne se rebuta point. Plus jeune de vingt ans que l'Empereur, il eut l'impudence de faire valoir cet avantage ; il déclara que si la princesse n'accueillait pas son amour, elle ne devait attendre de lui que haine et vengeance. Régine prit le parti de feindre, seul moyen de gagner du temps jusqu'au retour de son époux.

Elle cultivait de ses mains les fleurs du Val-des-Roses. Dans l'espoir de quelque répit aux persécutions de Wenneman, elle le pria de faire construire au milieu de ces fleurs un petit pavillon où elle pourrait ensuite lui donner rendez-vous, sans être soupçonnée. Ce pavillon fut élevé plus vite qu'elle n'avait pensé. Wenneman la somma de s'y rendre. Elle le suivit donc ; mais, dès qu'il fut entré dans le pavillon, elle ferma la porte et en tira la clé.

— Vous êtes mon prisonnier, lui dit-elle, jusqu'à ce que l'Empereur, mon maître et le vôtre, soit revenu de la Saxe.

Wenneman, furieux et interdit, fut obligé pour l'instant de comprimer sa colère. Au bout de quelques jours, comme il savait que le retour de Charlemagne n'était pas éloigné, il supplia Régine, d'une voix si soumise, de lui rendre la liberté et de ne pas le perdre auprès de l'Empereur, il lui promit si solennellement de ne plus la troubler de ses poursuites, que la princesse consentit à lui ouvrir la porte.

Le traître cependant ne fut pas plus tôt dehors, que, lançant sur Régine un regard sinistre, il lui dit :

— Vous vous repentirez de m'avoir joué.

Il partit aussitôt au-devant de Charles ; et, l'ayant rejoint à Aix-la-Chapelle, il accusa effrontément l'Impératrice d'adultère.

Autrefois, chez les Gaulois encore sauvages, le mari de la femme criminelle avait le droit de lui infliger lui-même le châtiment, qui consistait à lui couper les cheveux, à la déshabiller devant ses parents, et à la chasser en la poursuivant à coups de fouet dans toute la bourgade. Et on lit dans nos vieux historiens qu'en un cas si affreux l'infortunée ne trouvait personne qui la recueillît. L'Evangile avait adouci ces usages cruels; mais pourtant les maris nobles gardaient encore le droit de puissance absolue sur leurs femmes. L'Empereur, indigné, ordonna, dit la chronique, que Régine fût mise à mort. Des agents de Wenneman furent chargés de la jeter vivante dans un des étangs qui se trouvaient alors, en plus grand nombre qu'aujourd'hui, autour de Bruxelles. — L'ordre fut exécuté par une nuit sombre.

Mais au moment où la princesse, au milieu des flots, recommandait à Dieu son âme innocente, elle vit venir à elle le chien d'un vieil ermite, mort depuis peu. Le bon personnage avait habité près de là une cabane convertie depuis en moulin. Son chien, resté seul, s'était réfugié aux bords de l'étang dont nous parlons. Il venait de s'élancer au secours de l'Impératrice; il la saisit par sa longue chevelure, et l'attirant au rivage, il la déposa dans son nid.

La princesse revint bientôt à la vie. Le chien la réchauffa, la consola de ses caresses, et Régine remit son sort entre les mains de la Providence. Pour éviter d'être reconnue, elle partit avant le jour, et prit la route de Rome, où elle espérait obtenir justice du pape Léon III, qui était retourné en Italie.

Après de longues fatigues, elle arriva dans la ville éternelle. Du produit de quelques bagues qui étaient restées à ses doigts, elle s'était acheté une robe de pèlerinage; elle se rendit à l'église de Saint-Pierre, qui n'était pas encore la somptueuse basilique de Michel-Ange. Le Pape y vint, et Régine se trouva sur son passage. Léon III la reconnut; car elle avait une figure qu'on ne pouvait oublier; et quand elle eut conté son histoire:

— Restez ici, ma fille, lui dit le Souverain-Pontife; vous êtes entrée à Rome en pèlerine; vous en sortirez en impératrice.

Régine avait eu, dès sa jeunesse, un goût particulier pour l'étude des plantes, dont elle connaissait les vertus cachées. Elle se mit à composer des médicaments, qui guérissaient diverses maladies. Bénie par le Saint-Père, sa main n'essayait aucun traitement sans succès, et bientôt sa réputation se répandit au loin. C'était surtout contre les maladies des yeux qu'elle était puissante.

Il y avait un an qu'elle avait quitté le Brabant, où l'on n'avait appris sa mort qu'avec horreur.

Wenneman, revenu dans ce pays et occupé du souvenir de son forfait, alla machinalement se promener aux bords de l'étang qu'on a appelé depuis l'*Étang-du-Nid-de-Chien*. Pendant qu'il errait seul, en proie à de noires pensées, le chien de l'ermite, qui avait sauvé Régine, poussé par son instinct, s'élança avec fureur sur le perfide. Wenneman effrayé, prit la fuite et tomba dans une fondrière d'où ses valets le retirèrent aveugle. Mais cette punition ne le toucha point. Il chercha seulement les moyens de se guérir; aucun médecin ne put en venir à bout.

L'Empereur, qui aimait Wenneman, dont il ne soupçonnait pas la noirceur, ayant entendu parler de la femme miraculeuse de Rome et voulant revoir le pape Léon III, conduisit son coupable frère dans la capitale du monde chrétien. L'aveugle alla trouver Régine à sa cellule; elle le reconnut, et lui dit:

— Venez demain à l'église de Saint-Pierre,

au moment où le Pape et l'Empereur s'y rendront.

Wenneman y vint, conduit par Charlemagne. Léon III était présent; l'Impératrice, voilée, prit la main du malade.

— Vous avez sur le cœur un poids effroyable, lui dit-elle. Aux lieux mêmes où vos yeux se sont fermés, vous aviez trahi l'Empereur. Confessez le forfait; après quoi Dieu vous guérira.

Le monstre, à ces mots, témoigna un grand trouble. Charlemagne, inquiet et agité, le pressa d'avouer son crime. Wenneman, à genoux, déclara l'iniquité commise à Bruxelles.

L'Empereur, au désespoir, voulait tuer le coupable, et pleurait sa chère Régine, qui, cependant, lavant d'une eau balsamique les yeux de Wenneman, lui rendit l'usage de la vue. En même temps elle releva son voile [1].

Charlemagne, à genoux, lui demandait pardon, offrant de la venger par la mort de Wenneman, tremblant d'épouvante. Léon III le calma; la

---

[1] Ce trait est sculpté, en figures détachées, hautes de près d'un mètre, sur la bande du portail latéral du nord, à la splendide métropole de Reims.

princesse implora elle-même la grâce du misérable; elle revint dans les Gaules avec son illustre époux. Elle voulut revoir la Vallée-des-Roses et le vieux chien qui l'avait sauvée et qui ne la quitta plus.

Quant à Wenneman, il fut exilé dans une île de la Hollande, où il mourut peu après.

D'après une vieille sculpture.

CHARLEMAGNE A GAND

Il y avait bientôt deux cents ans que les Gantois étaient convertis à la foi; saint Amand leur avait apporté l'Évangile; saint Éloi et saint Liévin étaient venus adoucir leurs mœurs par la morale de Jésus-Christ; Saint Bavon était mort

au milieu d'eux ; les abbayes de Saint-Pierre et de Saint-Bavon étaient fondées.

La ville alors ne consistait guère que dans l'espace compris entre l'Escaut et la Lys, espace qu'on nomme encore aujourd'hui la *Cu ·e-de-Gand*. Mais les Vandales y avaient élevé un fort qui subsistait et dont les vestiges ont peut-être servi de fondation au château des comtes. Il y avait aussi à Gand un port maritime, non pas que la ville fût de beaucoup plus rapprochée de l'Océan ; mais la mer, comme l'a observé Desroches, était amenée par une espèce de canal naturel jusqu'au bassin de Gand. Ce canal, comblé par la suite dans des convulsions du sol, occupait, à ce qu'on croit, le lit du canal actuel de Gand à Bruges

Une preuve au reste de l'existence d'un port à Gand, c'est que Charlemagne, venant de Boulogne-sur-Mer en l'automne de l'année 811, arriva à Gand pour y inspecter la nombreuse flotte qu'il faisait construire dans le port de cette ville. C'était l'époque où les Normands commençaient leurs invasions. La flotte très considérable de l'Empereur occupait un vaste espace.

Dès qu'on sut que Charlemagne arrivait à

Gand, le peuple en foule alla à sa rencontre. Les Flamands d'alors étaient un mélange dont les vieux Ménapiens faisaient la base. Mais on y remarquait des Francs, établis là par Clovis, et de turbulents Saxons, transplantés depuis peu sur ce sol fertile. Des conversations animées s'élevaient partout sur l'illustre voyageur, le grand homme du siècle et des temps modernes.

Il était accompagné, dans cette course, de son secrétaire Eginhard. C'est lui qui rédigeait les beaux préambules des lois de l'Empereur, et qui écrivait ses lettres. On dit qu'il avait ses bonnes grâces. Dans l'histoire rapide de Charlemagne qu'il a tracée, on voit, à sa vive reconnaissance, à sa tendre affection pour le prince qui avait été son maître, que ce prince en avait été digne. Des chroniqueurs ont même dit qu'Eginhard avait épousé Imma, une des filles de Charlemagne.

Tous étaient fiers d'un tel souverain. Victorieux dans cinquante grandes batailles, il avait fait de son pays un empire, et de cet empire la première puissance du monde. Les empereurs d'Orient, les califes de l'Asie, les émirs de l'Espagne sarasine, tous les potentats qui n'étaient pas ses vassaux recherchaient son alliance. Grand par ses armes, il ne l'était pas moins par ses lois. Il avait rédigé une grammaire de la langue de nos pères ; il écrivait avec goût en latin. On citait de lui ces quatre vers, qu'il avait faits, en apprenant la mort du pape Adrien I :

> Post patrem lacrymans, Carolus, hæc carmina scripsi ;
> Tu, mihi dulcis amor, te modo plango, pater.
> Nomina jungo simul titulis, clarissime, nostra ;
> Adrianus, Carolus ; rex ego, tuque pater.

« Pleurant après un père, moi, Charles, j'ai écrit ces vers. O vous, ma douce affection, mon père, maintenant je vous pleure. Que nos noms et nos titres ne soient jamais séparés, et qu'on se rappelle toujours, en parlant d'Adrien et de Charles, que, si j'étais roi, vous étiez mon père. »

Des religieux de Saint-Bavon citaient encore d'autres poésies du grand homme, qui faisait recueillir nos anciens chants nationaux, à présent perdus.

Charlemagne parut enfin dans la vieille cité. Il était monté sur un cheval gris et suivi d'un nombreux cortége de comtes et de seigneurs. Enguerrand ou Inghelram, fils de Lydéric II, vorstier de Flandre, était à sa gauche ; à sa droite, sur un beau cheval noir, on remarquait Eginhard.

L'Empereur, qui avait alors soixante-neuf ans, et dont la longue barbe blanchissait, excédait par sa taille majestueuse tous ceux qui l'entouraient. Les annales du temps notent même qu'alors il avait de l'embonpoint. Ses grands yeux bleus étaient encore vifs et s n teint frais, sa physionomie ouverte, son sourire gracieux.

Tout le monde, comme c'était l'usage pour les empereurs, se mettait à genoux sur son passage, lorsqu'il portait la couronne et le manteau de pourpre. Mais il aimait mieux se montrer plus à l'aise au milieu de son peuple. Il était vêtu d'un pantalon de drap du pays; il avait une saie ou tunique de laine blanche, au bas de laquelle fuyait une légère broderie de soie verte. Un manteau bleu achevait son costume. Des bandelettes de diverses couleurs lui liaient les jambes et retenaient ses sandales. Il était coiffé d'une toque de drap, avec une bordure de peau de loutre. Son épée Joyeuse, que lui seul, disait-on, pouvait manier, tant elle était longue et pesante, pendait à son côté. Il souriait gravement au peuple, qui le saluait avec amour.

Dès qu'il fut arrivé dans la ville, il alla visiter le port et les vastes chantiers qui l'entouraient. Il fit des compliments aux chefs des travaux. Il vit avec plaisir que ses flottes pourraient bientôt se mettre en mer pour repousser les Normands; car, en songeant aux dégâts que les hommes du Nord pouvaient encore causer dans ses États, il frémissait à l'idée de mourir avant de les avoir vaincus.

A la suite de cette visite, le prince se mit à table avec ses officiers; on servit quatre plats, selon son usage; il n'en voulait pas plus. C'etaient des viandes grillées ou rôties, et des légumes. Pendant son repas, il but deux verres de bière; puis un seul verre de vin; et ce fut tout. On avait lu, pour le distraire, un passage de la *Cité de Dieu* de saint Augustin. Il alla ensuite se déshabiller pour prendre un peu de repos; et, deux heures après, tout le monde indistinctement fut admis devant lui. Il ecoutait toutes les plaintes, recevait tous les avis, redressait tous les griefs, et rendait justice à tous, comme s'il eût été assis à un tribunal.

Il reçut après cela les commissaires impériaux, *missi Dominici,* qui, envoyés par lui, visitaient les provinces pour y faire régner les lois. Des officiers de ce genre parcouraient sans cesse les vastes États de l'Empereur; et ils faisaient leur devoir, parce qu'à chaque instant, sans être attendu, Charlemagne paraissait dans une province de l'empire, quand on le croyait loin encore dans une partie opposée Le prince s'occupa avec eux du bien-être public, de l'agriculture, du commerce. Il s'informa de l'état des côtes, où il faisait élever de petits forts d'observation. Puis il vit le clergé de Gand. Il fut ravi de trouver, dans les communautés de Saint-Pierre et de Saint-Bavon, des savants, lui qui les recherchait et qui se plaignait d'en rencontrer peu. En témoignage du cas qu'il faisait d'eux, il leur donna pour abbé son cher Eginhard, qui depuis quelque temps soupirait après la retraite et qu'il fit prélat des deux abbayes de Gand. C'est dans cette ville (on le croit du moins) qu'Eginhard écrivit son histoire de Charlemagne.

Le lendemain matin, l'Empereur à son lever apprit une nouvelle qui lui fit monter le sang au visage. Les Normands, avec deux cents petits navires, couvraient la mer, devant le port qu'on appelle aujourd'hui le port de L'Ecluse, et qui était alors moins resserré dans les terres. Charlemagne, avec sa suite qui était peu nombreuse, monta quelques-uns des bâtiments qu'il faisait construire, et fit voile vers les barbares. Son petit navire marchait le premier. Il avait fait attacher son bouclier au haut du mât. Il ne voulait qu'examiner l'ennemi et l'étudier avant d'appeler ses braves. Mais les Normands, dès qu'ils eurent reconnu de loin le bouclier de l'Empereur, et que quelques-uns se furent écriés que Charlemagne était là, quoiqu'il fût à peu près seul, les Normands, saisis d'épouvante, levèrent leurs ancres, et au bout d'un quart d'heure toute leur flotte avait entièrement disparu.

L'Empereur, immobile, les yeux fixés sur la mer, gardait le silence et ne donnait pas l'ordre du départ. Il paraissait méditer profondément. Bientôt quelques larmes tombèrent sur sa barbe blanche. Il ne songeait pas à les essuyer. Mais, voyant que ceux qui l'entouraient remarquaient sa préoccupation et sa douleur, il leur dit :

— Si je m'afflige, ô mes fidèles, ce n'est pas que je redoute les hommes du Nord. Nous saurions aussi les vaincre. Mais ma vie s'avance ; et, s'ils osent s'approcher de l'empire quand je vis encore, que feront-ils lorsque je ne serai plus?

Charles, prévoyant de grands maux pour ses peuples sous les princes ses successeurs, retourna à Gand, où il doubla le nombre des ouvriers et où il fit élever des redoutes. Bientôt toutes les embouchures des fleuves eurent, pour les garder, des flottes qui quelque temps préservèrent les côtes. Mais, Charlemagne étant mort trois ans après ce voyage, tout alla en déclinant sous ses fils. Les Normands vinrent; et, comme vous savez, il en coûta à la France, après de longues plaies, une de ses plus belles provinces.

CHRONIQUE DE BAUDOUIN BRAS-DE-FER

Il y a des hommes qui valent des armées.
GARNIER.

I

LA BATAILLE DE FONTENAY

L'EMPEREUR Louis-le-Débonnaire, fils infortuné de Charlemagne, trahi par ses enfants, en 832, abandonné par sa cour et par son armée, était devenu le prisonnier de son fils Lothaire, qui s'impatientait de ne pas régner.

Louis-le-Débonnaire était un prince faible, mais doux. Religieux comme son père, il avait honoré les personnages consacrés au Seigneur; cependant il avait offensé très gravement les moines de Saint-Médard de Soissons. Il avait porté atteinte à leurs priviléges; il les avait dépouillés. Lothaire songea qu'il ne pouvait donner de meilleurs geôliers à son père : il comptait que ces moines puissants seraient heureux de prendre leur revanche. Il fit donc conduire le vieil empereur au monastère de Saint-Médard.

Mais parmi ces moines, qui savaient oublier les injures, Louis-le-Débonnaire ne trouva que des consolateurs, des sujets fidèles et des appuis. Ils relevèrent l'âme de l'Empereur, le comblèrent de témoignages d'affection et de respect, lui rallièrent ses amis et le remirent sur son trône. C'était dignement se venger, pour employer un mot que les chrétiens ne connaissent pas.

Louis-le-Débonnaire mourut en 840, au château d'Ingelheim. De son vivant, il avait partagé son vaste empire à ses quatre fils. Il avait donné l'Italie et l'Austrasie à Lothaire, l'aîné, dont il oubliait la longue ingratitude; l'Occident, qui comprenait la Neustrie et la Bourgogne, à Charles, qu'on a surnommé le Chauve; il avait fait à Peppin un royaume de l'Aquitaine; il avait destiné la Saxe et la Bavière à Louis, appelé de là le Germanique.

Mais Lothaire, qui s'était montré mauvais fils, se montra bientôt aussi mauvais frère. Méprisant les volontés suprêmes de son père, il prétendit régner seul dans les États de Charlemagne. Peut-être eût-il réussi, car il était l'aîné ; il faisait valoir ce qu'on s'accoutumait déjà à regarder comme un droit, et il comptait de nombreux partisans. Mais, au lieu de résider en France, il se fixa en Italie ; les Francs craignirent de voir, comme au temps de César, leur pays redevenir province d'un empire éloigné. Beaucoup de seigneurs et beaucoup de villes se rattachèrent à Charles-le-Chauve, qui avait pris le titre de roi ; et tout se mit en mouvement pour une guerre civile. Elle menaçait d'être longue et cruelle.

Les quatre frères étaient les chefs de cette guerre. Peppin s'était réuni à Lothaire, et Louis-le-Germanique à Charles-le-Chauve. Après divers combats sanglants, les quatre princes se trouvaient, le 24 juin 841, dans les plaines de Fontenay, près d'Auxerre, avec leurs armées, leurs vassaux et leurs cours. Tout était réuni pour une bataille décisive : rois, ducs, chevaliers et barons, peuples des diverses contrées que Charlemagne avait gouvernées, toute l'élite des vieilles Gaules, de l'Italie et de la Germanie. Les vieux compagnons d'armes de Charles-le-Grand étaient là, prêts à se déchirer entre eux, après avoir si glorieusement combattu ensemble sous les mêmes étendards. Toutes les provinces, toutes les villes avaient pris parti dans cette grande querelle : tous les chevaliers, tous les princes et seigneurs avaient adopté un suzerain.

Dans le nombre des chefs les plus illustres, on remarquait Baudouin, vorstier ou gouverneur de la Flandre ; il était fils d'Audacer, selon les vieilles chroniques. Grosley croit plutôt que c'était un chef normand qui s'était déjà implanté sur nos côtes. Ses prédécesseurs dans ce cas, et dans l'autre supposition ses aïeux, investis par Dagobert du beau domaine qu'il administrait, avaient conduit leur bannière sous la suzeraineté de Charlemagne et de Louis-le-Débonnaire. Dans cette désunion de l'empire, Baudouin avait cru devoir son hommage à Lothaire, qui était l'aîné : il s'était donc rangé sous les étendards de ce prince.

Il amenait à l'Empereur une vaillante armée de Flamands, mêlée de Normands et de Saxons exercés à la guerre, robustes soldats qui, sous leur chef intrépide, ne reculaient jamais devant un ennemi. Baudouin gouvernait depuis trois ans, quoiqu'il fût à peine dans sa vingt-cinquième année. Il était de haute taille, et d'une force si prodigieuse, qu'on lui donnait déjà le surnom de Bras-de-Fer, que l'histoire lui a conservé.

Regnier au Long-Cou, qui bientôt allait devenir le premier comte du Hainaut, avait suivi Baudouin Bras-de-Fer, son ami. En voyant les plaines de Fontenay inondées de guerriers aux brillantes armures, en contemplant tous les apprêts de la grande bataille qui allait se livrer entre des peuples longtemps amis, Regnier gémissait :

— C'est une guerre odieuse, dit-il. Parce que je suis séparé de vous par l'Escaut, sire Baudouin, il nous eût fallu marcher l'un contre l'autre, si l'amitié ne nous eût poussés dans les mêmes rangs.

— Au jugement de Dieu! répondit Baudouin. Selon les termes du partage qu'on a publié, vous êtes le vassal naturel de Lothaire, vous, sage Regnier. Moi, je devais suivre la chape de Saint-Martin, autour de laquelle sont ralliés les tenants du roi Charles; car mes États sont bornés presque entièrement par la rive gauche de l'Escaut. Mais Lothaire, avec son droit d'aînesse, est à mes yeux notre suzerain légitime à tous; et, d'ailleurs, où vous allez je vais aussi.

— Cependant, reprit Regnier, on répand de tristes présages. Des colombes se sont arrêtées sur les bannières du roi Charles. Des corbeaux n'ont cessé de poursuivre à toutes ses haltes le camp de Lothaire. Vous savez que l'Empereur fut pour le vieux Louis un fils rebelle.

— Je le sais, dit Baudouin avec colère; mais je l'ai su trop tard. Dans nos contrées, loin des intrigues de la cour, pouvais-je penser que j'embrassais un parti coupable?

— Un parti maudit peut-être; car Dieu est juste.

— Je cherchais la cause la plus droite et la plus légitime.

— L'archevêque de Trèves a prédit que les angoisses de Louis-le-Débonnaire seraient expiées.

— Le prélat de Saint-Bavon, le pieux et saint Éginhard, a dit que Charles serait victorieux parce qu'il avait honoré son père. Je le répète, j'ai su tout cela quand j'étais engagé. Maintenant, nous avons juré foi et hommage, sur les saintes reliques et sur les livres sacrés, à l'empereur Lothaire. A lui nos bras, nos hommes d'armes, nos épées. Les hommes peuvent se tromper; les jugements de la multitude sont souvent téméraires: Dieu seul connaît l'avenir et sait le secret de ses châtiments. Il jugera demain.

Là-dessus Baudouin se leva, décidé comme Regnier à combattre vaillamment, mais comme lui ébranlé par les terreurs secrètes qui préparent la perte des batailles. Pour se distraire de leurs pensées un peu sombres, ils s'occupèrent, à l'exemple de tous les autres chefs, de l'inspection de leurs troupes. Les cuirasses étaient polies, les boucliers luisants, les arcs solides, les piques bien affilées. Chaque soldat se fatiguait à donner le tranchant à son sabre, à sa hache d'armes, qui devaient le lendemain tailler de la chair humaine. Les frondeurs faisaient leurs provisions de pierres; les archers aiguisaient le fer de leurs flèches; les massuaires consolidaient le manche de leurs maillets de fer ou de plomb, et plantaient de gros clous dans leurs massues pesantes; les hallebardiers arrangeaient les crocs de leur lourde lance; puis ils essayaient, en chantant, s'ils étaient sûrs de déchirer les entrailles de leurs ennemis; les troupes légères frottaient gaiement leur bâton ferré sur le grès humecté; ensuite ils le lançaient contre un arbre, mécontents et grondeurs lorsqu'il n'entrait pas assez avant.

Tout ce prélude d'un jour de carnage était horrible. Mais Baudouin et Regnier, accoutumés à la guerre, le voyaient avec joie. Baudouin rentra bientôt dans sa tente pour visiter lui-même ses armes. Il prit son grand bouclier d'airain, recouvert, selon la légende, d'une toile fine sur laquelle était peint le lion de Flandre. Quoiqu'il pesât cinquante livres, il le mania comme s'il eût été d'osier. Il saisit d'une main ferme sa bonne épée, qui était longue de cinq pieds et large de quatre doigts; pour l'essayer, il déchargea un coup, sans beaucoup d'effort, sur un casque de fer que soutenait un poteau placé à l'entrée de sa tente : il le fendit en deux et parut satisfait. Il passa le reste du jour à ses apprêts du lendemain.

Le lendemain 25 juin, au lever du soleil, les armées des quatre petits-fils de Charlemagne se rangèrent en bataille, deux contre deux, Lothaire et Peppin contre Charles et Louis. Des deux côtés on sonna la charge en même temps; et comme c'est l'usage dans les guerres civiles, à la honte de l'humanité, on se battit avec une fureur, avec une animosité sans exemple. Quatre cent mille soldats étaient là, dit-on, portant et recevant des coups formidables. La mêlée devint horrible; sur tous les points il se fit d'éclatantes prouesses, qui eussent été recueillies comme dignes d'admiration et d'éloges, si la cause coupable de ces grandes actions n'eût imposé silence aux historiens.

Baudouin Bras-de-Fer se faisait remarquer, actif et terrible; mais ses actions dans cette journée restent sans gloire.

Quand le soleil retira sa lumière à ce champ de carnage, la bataille durait encore. La plaine de Fontenay était une vaste mare de sang. Alors, selon les présages multipliés, la victoire se déclara pour Charles-le-Chauve. Lothaire prit la fuite ; le massacre s'arrêta ; mais cent mille morts restaient pour le trophée de la bataille.

Et, le soir de cette fatale journée, Baudouin Bras-de-Fer ne reparut pas à la tête des siens. Regnier, qui avait échappé à la mort, le chercha vainement parmi les blessés. Ce ne fut que le lendemain qu'on le trouva entouré de morts, couvert de plaies, tenant encore son bouclier et son épée, et donnant encore des signes de vie. Regnier lui prodigua ses soins. Quoiqu'on le pressât de partir pour éviter la vengeance du vainqueur, il refusa d'abandonner son ami. Cette vengeance du reste fut arrêtée par la voix de la Religion. — Les prélats enjoignirent au parti triomphant un jeûne de trois jours, en expiation d'une si triste victoire. — Une amnistie générale fut publiée. Les vainqueurs, touchés, se mirent à soigner les blessés et à prier pour les morts.

Ce ne fut pourtant que six mois après qu'on parvint à rétablir la paix entre Lothaire et Charles-le-Chauve, qui s'obligèrent par serment à respecter les dernières volontés de leur père.

Baudouin Bras-de-Fer fut longtemps à se guérir. Dès qu'il put se tenir à cheval, il s'en retourna dans sa patrie ; un peu inquiet de ce qu'il pouvait attendre du jeune roi Charles, maintenant reconnu pour son suzerain.

Mais Charles oublia sincèrement le passé. Il reçut l'hommage de Baudouin Bras-de-Fer, à qui il recommanda de protéger avec soin les côtes flamandes contre les invasions des Normands, dont on commençait à s'effrayer ; et, en 843, on publia le partage des États de Charlemagne : l'Escaut sépara l'empire d'Allemagne du royaume de France. Baudouin se trouva le vassal de Charles et de Lothaire. La ville de Gand fut même divisée par les deux souverainetés ; car Lothaire était suzerain jusqu'au Reep, derrière l'hôtel actuel du gouvernement ; mais l'ancienne ville ou port de Gand, le quartier de Saint-Pierre, la paroisse d'Ackerghem, reconnaissaient les lois de Charles-le-Chauve,

II

JUDITH

Audouin Bras-de-Fer était un homme de cœur et d'action, plein de fermeté et de droiture, embrassant un parti lorsqu'il le croyait juste, et le suivant aux dépens de sa vie, quoiqu'il fût périlleux et blâmable, quand il avait donné sa parole.

De retour dans ses Etats, il ne s'occupa qu'à y rétablir l'ordre et les lois, à favoriser l'agriculture et le commerce, à protéger les bonnes gens. Les hordes normandes continuaient à visiter, pour les ravager, les côtes de l'Océan. Baudouin les repoussa si vivement dans tous les essais qu'ils firent pour aborder en Flandre, qu'ils y revinrent peu durant son administration, et qu'ils se ruèrent sur la Neustrie et sur les autres côtes de la France. Aussi la renommée du brave vorstier se répandit-elle, noble et rassurante pour ses amis, formidable pour ses ennemis ; et le roi Charles-le-Chauve disait souvent que, si tous ses barons eussent été aussi vaillants que le vorstier de Flandre, il n'eût pas redouté les Normands.

Quand chaque année Baudouin Bras-de-Fer allait faire hommage à son suzerain, Charles lui témoignait qu'à cause de ses bons services il excusait tout le mal qu'il lui avait fait à Fontenay en marchant contre lui ; il le présentait à ses fidèles comme le boulevard de ses provinces du Nord.

Un jour que Baudouin Bras-de-Fer s'en revenait de la cour de Charles, accompagné seulement de douze hommes d'armes, et qu'il traversait Senlis, il fut surpris de l'air de fête qu'avait pris cette ville et de la multitude des chevaliers qui l'animaient. Il demanda quelle solennité on célébrait. Un bonhomme lui répondit que c'était la princesse Judith, fille du roi Charles-le-Chauve, laquelle, ayant été fiancée au roi d'Angleterre

Ethelwolf, partait avec grande pompe et brillant cortége pour aller joindre son noble époux.

Au même instant, Baudouin vit sortir de la rue Saint-Yvalargent[1] et défiler devant lui une suite éclatante de mille chevaliers anglais et français, qui devaient escorter la jeune princesse. Elle parut bientôt elle-même, entourée de ses dames, montée sur un cheval blanc dont la housse était de velours pourpre brodé d'or. Elle était si belle et si radieuse, que Baudouin en fut ébloui. Il la salua de sa lance; il vit qu'elle le remarquait, et il entendit avec rougeur qu'elle s'informait de son nom. Le jeune prince Louis-le-Bègue, frère de Judith, lui répondit : — C'est le grand vorstier de Flandre, le brave Baudouin Bras-de-Fer.

Le cortége défila; et le vorstier, immobile, était resté seul avec ses douze hommes d'armes, que toute la cour de la jeune reine était déjà loin. Baudouin Bras-de-Fer ne paraissant pas songer à reprendre sa route, absorbé qu'il était, un de ses archers le tira de sa rêverie, en lui demandant quel sentier il fallait suivre. Baudouin ne

[1] Vieille rue de Senlis.

répondit rien et piqua son cheval sur le chemin de la Flandre, en se répétant avec un peu de vanité le bienveillant éloge que lui avait donné Louis-le-Bègue.

Des jours, des mois, quelques années passèrent; et un jour une grande nouvelle se répandit. Le roi d'Angleterre était mort; la jeune et brillante Judith, veuve et libre, s'en revenait auprès de son père. Une pensée prompte et hardie s'empara de Baudouin. Ni la crainte d'offenser par une telle félonie le roi Charles-le-Chauve, son suzerain, ni la considération grave de la différence des rangs entre une reine fille de roi et un simple seigneur qui n'était pas même comte, ni l'appréhension de tous les malheurs que son audace allait attirer sur lui, rien ne l'arrêta. Baudouin, comme un homme qui n'a plus qu'une idée fixe, se hâta de s'armer....

Il y a, dans la vieille langue flamande, des ballades populaires, pleines d'originalité, qui conservent avec des couleurs poétiques le souvenir de quelques-uns de nos vieux faits merveilleux. Telle est entre autres, dit Le Carpentier, la chanson de Baudouin Bras-de-Fer. Elle célèbre l'événement que nous voulons retracer. M. Henri Berthoud, dans ses *Chroniques de la Flandre*, a traduit cette ballade, que nous reproduisons en partie :

« Un jour Baudouin se mit à l'entrée de sa tente, fit sonner le clairon et se prit à crier lui-même et à faire répéter par ses hérauts : — Venez tous, venez ouïr votre seigneur Baudouin Bras-de-Fer ?

» Mes compagnons, dit-il, laquelle vous semble digne de devenir dame de Flandre et d'être l'épouse de votre seigneur, de votre seigneur Baudouin Bras-de-Fer ?

» Il se fit un long murmure parmi tous les gens d'armes ; et chacun, s'enquérant de son voisin, disait : Par le salut de mon âme ! il n'y en a pas une seule qui soit digne d'être la femme de Baudouin Bras-de-Fer.

» Si fait, il en est une ! s'écria Baudouin. Elle est jeune, elle est belle ; elle est de si haute lignée, que l'on ne peut demander mieux ; elle est embéguinée d'un chaperon de reine. N'est-ce point là ce qu'il faut à Baudouin Bras-de-Fer ?

» La fille du roi Charles de France, la veuve

du roi d'Angleterre, madame Judith, que chacun renomme la belle veuve, s'en revient d'outremer. Quatre mille lances l'escortent; elle passera tout à l'heure près d'ici. La voulez-vous pour votre dame, pour la femme de Baudouin Bras-de-Fer?

» Oui, oui, nous la voulons! Voilà ce que hurla comme une mer en courroux la voix de l'armée. Oui, oui, nous la voulons, la belle veuve, pour dame de Flandre, la belle veuve pour femme de Baudouin Bras-de-Fer.

» Or sus, cria le vorstier, serrez les courroies de vos cuissarts, enfourchez vos destriers, et venez, à la pointe de vos lances, faire la conquête d'une dame pour la Flandre, d'une épouse pour votre seigneur Baudouin Bras-de-Fer.

» Aux armes! aux armes!... Une heure après, il ne restait plus un homme d'armes des quatre mille lances anglaises. Un chevalier tout couvert de sang ouvrait la litière de madame Judith, la belle veuve d'Angleterre; et il lui disait avec courtoisie : Noble dame, vous voici venir un époux, le vorstier de Flandre, le vorstier Baudouin Bras-de-Fer. »

Mais l'histoire n'est pas conforme dans les détails à la ballade populaire. Il paraît que Judith, veuve en effet, revint en France auprès de son père, et qu'elle vivait à Senlis entourée d'une petite cour. Pendant son absence, Baudouin, toutes les fois qu'il était allé faire hommage au roi Charles-le-Chauve, n'avait pas manqué de cultiver l'amitié du du prince royal Louis-le-Bègue, qui devait succéder à Charles. Il n'oubliait pas les expressions généreuses dont le jeune prince s'était servi à Senlis pour le nommer à sa sœur, et Louis-le-Bègue, qui aimait tout ce qui était héroïque, avait pris en tendresse Baudouin Bras-de-Fer. Il lui confia même que Judith faisait grand cas de sa personne.

Baudouin osa donc concevoir quelque espérance, quand il sut la reine douairière libre à Senlis.

Sous prétexte de visiter Louis-le-Bègue, il se rendit à la cour de Judith. On était si loin de soupçonner qu'un simple seigneur, quelque puissant qu'il fût, mais qui n'avait pas même la couronne de baron, osât lever les yeux jusqu'à la fille du Roi, que personne ne songea à prendre le moindre ombrage sur les démarches de Baudouin Bras-de-Fer.

Il s'enhardit cependant; il avoua toute son admiration à Judith; son renom occupait le royaume. La jeune veuve se passionnait pour les faits et les sentiments chevaleresques; elle fit à Baudouin bon accueil. Mais comment le roi Charles verrait-il une telle union ? C'était folie de s'en flatter. Baudouin ne sut trouver qu'une ressource; du consentement de Louis-le-Bègue, il enleva la belle veuve d'Angleterre; il l'emmena, déguisée en écuyer, dans son château d'Harlebeke, où son aumônier bénit en grande pompe leur mariage.

Après quoi, dit la chronique, Baudouin Bras-de-Fer fit faire des prières publiques, pour obtenir du Ciel qu'il modérât l'indignation et le courroux du roi Charles-le-Chauve.

III

LA COLÈRE DE CHARLES-LE-CHAUVE

UAND le roi Charles-le-Chauve apprit l'enlèvement de sa fille et son mariage avec le vorstier de Flandre, il entra dans une grande fureur. Louis-le-Bègue, son fils, ne parvint pas à le calmer. Il assembla les pairs du royaume, et, à la suite d'un long conseil, il envoya deux de ses hérauts chargés d'une lettre qui contenait ce qui suit :

« A Baudouin, vorstier de Flandre.

» J'estimais votre vertu et je me fiais en votre foi loyale. L'acte de félonie et d'outrage que vous venez de commettre envers moi, votre suzerain, est si grand, que je veux bien vous permettre de m'exposer vos excuses avant de recourir aux armes. J'attends donc que vous répariez promptement la tache que vous m'avez faite. Autrement je saurai la laver dans le sang, et la guerre

Charles-le-Chauve,
d'après une miniature du Xe siècle.

que je vous ferai laissera de durs souvenirs. »

Cette lettre était signée *Charles*. Baudouin Bras-de-Fer la lut tout bas, sans laisser voir l'altération qu'elle produisait dans son esprit. Il ordonna à son maître-d'hôtel de faire bonne chère aux deux hérauts ; et il allait se retirer auprès de Judith pour lui faire part de la mission du Roi, lorsqu'un des archers qui escortaient les envoyés du monarque, le prenant à part, lui dit secrètement, de la part du prince Louis, qu'il se tînt pour averti d'être sur ses gardes, parce que le Roi avait fait casser son mariage par la cour des pairs, et que, dans les hommes de la suite des deux hérauts, se trouvait déguisé le chancelier de France, qui devait se présenter devant madame Judith, avec un ordre du Roi, et la sommer, au nom de son père, de quitter Baudouin et de retourner immédiatement à Senlis.

— Il a même les pouvoirs, le seing et l'anneau du roi Charles, poursuivit le confident de Louis-le-Bègue, pour obliger tout homme d'armes reconnaissant la suzeraineté royale de lui prêter main-forte et l'aider au besoin à enlever la princesse si elle refusait d'obéir.....

Baudouin s'épouvanta un instant de ces révélations. Mais, sans perdre une heure, il partit avec sa femme de son château d'Harlebeke pour la ville de Gand, où il faisait bâtir le *s'Graven-Steen,* ou château des comtes, voulant opposer une forteresse aux Normands, s'ils osaient s'avancer dans le pays; car alors, comme nous l'avons dit, un bras de mer aujourd'hui desséché pouvait amener leurs vaisseaux au port de Gand. Il eut d'abord l'idée d'enfermer sa femme, qui ne voulait pas le quitter, dans cette citadelle. Mais le roi Charles pouvait en ordonner le siége, avant que Baudouin fût en mesure de lui faire face. Il aima mieux profiter des avantages que lui offrait la position de Gand. La rive droite de l'Escaut, ainsi que nous l'avons remarqué, se trouvait sous la suzeraineté de l'Empire, et l'autorité de Charles-le-Chauve s'arrêtait au pont du Reep. Baudouin conduisit donc sa femme hors des domaines soumis à son père; il mit des gardes au pont; pour lui, en traversant seulement le fleuve, il était auprès de Judith.

Bien lui prit d'avoir employé ces mesures; car le chancelier de France, l'ayant suivi de près, avait levé des hommes d'armes en vertu du devoir féodal, et il venait en effet sommer Judith de le suivre. Il arriva sur la rive gauche de l'Escaut, au moment même où la princesse mettait le pied sur la rive droite. Il vit bien qu'il était devancé, et s'adressant à Baudouin :

— Vous voici, lui dit-il, en révolte déclarée contre le Roi votre seigneur. Que répondrez-vous à ses envoyés ?

— Suivez-moi, dit Baudouin ; mes conseillers le décideront.

Il conduisit le chancelier au s'Graeven-Steen, où bientôt arrivèrent les deux hérauts de Charles-le-Chauve. Tous les plus vaillants chevaliers de Baudouin étaient là ; tous avaient secondé ou approuvé l'enlèvement de Judith ; tous étaient ravis de l'avoir pour dame et souveraine.

— Messires, leur dit Baudouin, vous savez tous que je n'ai pas eu l'intention d'offenser le roi Charles, notre seigneur suzerain, en prenant à femme sans son aveu la princesse Judith, sa fille bien-aimée. La Flandre est un assez riche domaine pour qu'il ne soit pas jugé indigne de la fille d'un roi. Mais j'ai craint que mon ancienne alliance avec Lothaire n'engageât le roi Charles à me refuser la main de Judith. Maintenant il veut nous l'enlever, sous menace de guerre. Je vous demande conseil.

Il y eut là-dessus de grands débats dans l'assemblée, quelques-uns opinant qu'il fallait rendre Judith plutôt que de courir les chances d'une guerre redoutable avec le puissant roi de France; d'autres disant que Charles, étant très empêché avec les Normands, n'était pas si à craindre; le plus grand nombre voulant qu'on prît les armes plutôt que de céder sur un point qui humiliait la Flandre.

Baudouin, satisfait, répondit donc à son beau-père que l'affection seule, et non la félonie, non plus que l'ambition, l'avait dirigé dans ce qu'il avait fait; qu'il le reconnaissait et avouait pour son seigneur suzerain; qu'il n'avait en rien forfait à son devoir, et que Judith étant devenue de son plein gré sa dame et légitime épouse, la mort seule pourrait le séparer d'elle. « Les guerres sont douteuses, ajoutait-il en finissant. Que gagneriez-vous, sire, à ruiner un vassal dévoué qui, depuis qu'il vous a donné sa foi, n'a jamais épargné pour votre service ni son sang, ni sa vie? »

Judith, qui aimait son père, lui écrivit aussi une lettre suppliante; et les hérauts s'en retournèrent avec le chancelier à la cour du roi de France, pendant que Baudouin, qui était prudent, faisait prévenir tous ses capitaines de se tenir prêts à la guerre.

Et il avait raison. Malgré les Normands qui le harcelaient, Charles-le-Chauve ne se contenta pas des excuses de Baudouin Bras-de-Fer; il persista à déclarer qu'il voulait que le vorstier de Flandre lui rendît sa fille. Sur le refus constant de Baudouin, il leva à la hâte une grande armée pour marcher contre les Flamands.

Baudouin Bras-de-Fer, tout en gémissant sur cette guerre qu'il eût voulu éviter, s'y porta vaillamment. Après avoir laissé dans ses forteresses de bons capitaines et des troupes aguerries pour surveiller les Normands en son absence, il alla dire adieu à sa chère Judith ; puis, voulant éviter à ses sujets les désastres qui marquent le passage des armées ennemies, il se pressa de courir au-devant des Français, pour amener la bataille, s'il le pouvait, hors de son pays.

Il assit donc son camp auprès d'Arras, dans une plaine qui est au pied du mont Saint-Eloi. Là il disposa son armée avec soin, attendant les troupes du Roi, qui bientôt parurent. Aussitôt commencèrent les escarmouches, « lesquelles il
» faisoit très beau voir, comme dit Oudegherst,
» non pas toutes fois à ceux qui s'y trouvèrent,
» pour autant que la plupart d'eux en rappor-
» tèrent plus de signes qu'ils n'eussent désiré. »

Dans ces petites rencontres, Baudouin eut presque toujours le dessus. Les troupes royales, impatientes, demandèrent une bataille générale ; elles vinrent un soir se placer à la portée du trait du camp flamand, et le lendemain matin les deux armées reçurent l'ordre de combattre.

L'armée du Roi s'était formée en trois corps, contre lesquels Baudouin d'abord en envoya deux seulement, gardant sous ses ordres la réserve et laissant entamer l'affaire. Dès qu'il vit la bataille engagée, il dit aux siens :

« Preux chevaliers, et vous autres mes bons

amis, si vous m'aimez, nous mourrons plutôt que de nous laisser vaincre. Ils sont là plus nombreux que nous : eh bien, nous en aurons plus de gloire! Ce sont des gens qui ne sont pas accoutumés à être vaincus ; nous qui allons les battre, nous en aurons plus d'honneur. En avant, mes braves ! »

Et ce troisième corps d'armée se jeta sur le centre des troupes du Roi. La mêlée devint terrible, le sang coula de toutes parts ; à l'exemple de Baudouin, tous les siens se distinguèrent par d'héroïques faits d'armes. Aucun d'eux ne recula. Baudouin dispersait tout devant lui.

Après une journée de carnage, Baudouin Bras-de-Fer s'écria d'une voix tonnante : « A nous la victoire ! » Son armée, redoublant de vigueur, mit les troupes de Charles-le-Chauve en désordre.

Baudouin renvoya ses prisonniers sans rançon, espérant par cette modération apaiser le roi Charles ; et il s'en retournait en sa ville d'Harlebeke, où Judith venait le joindre, lorsqu'il apprit qu'une nouvelle armée s'ébranlait contre lui. Ce n'était pas le roi de France qui l'envoyait ;

c'étaient les parents de ceux qu'il avait battus qui venaient pour les venger. Ils avaient levé des hommes dans la Picardie; ils accouraient en grand nombre, mais sans ordre, commandés par un clerc imposteur, qui, pour troubler les Flamands, prenait le nom de Louis-le-Bègue, fils du roi. En entendant prononcer ce nom, Baudouin s'affecta : Louis-le-Bègue, qui avait protégé son mariage, n'était-il plus son ami? On le rassura lorsqu'on lui eut dit que Louis-le-Bègue, au contraire, l'avait si généreusement défendu, que son père l'avait banni de sa cour, et que le prince avait été obligé de se réfugier auprès de Salomon, duc de Bretagne. Baudouin, sachant qu'en ce moment le roi Charles était forcé de marcher contre les Normands, et convaincu de l'imposture du faux Louis-le-Bègue, s'en retourna en toute hâte à son camp près d'Arras, où, peu d'heures après qu'il y fut arrivé, il fut joint par la nouvelle armée.

Une seconde bataille se livra aussitôt, plus prompte et plus terrible encore que la première; une seconde victoire dispersa les ennemis de Baudouin. Le fourbe qui avait usurpé le nom

du prince royal fut pris, fouetté à la vue de
l'armée, et pendu à un gibet. Du moins, ainsi
content les légendaires.

Après cela, Baudouin s'en revint, mais cette
fois sans obstacles, fêté partout sur son passage.
Judith l'attendait en son château d'Harlebeke.
Ils envoyèrent aussitôt un messager avec des
lettres très soumises au roi Charles-le-Chauve.
Mais ce prince, irrité, venait d'employer contre
Baudouin une mesure plus terrible. Il l'avait fait
excommunier par une assemblée de prélats réunis à Soissons, comme ravisseur d'une veuve; et,
pour toute réponse du roi Charles, le messager
rapporta la sentence qui séparait de l'Église le
vorstier de Flandre, Baudouin Bras-de-Fer, et
plaçait tous ses domaines sous l'interdit.

IV

LE VOYAGE A ROME

BAUDOUIN, effrayé de penser que le premier venu pouvait désormais l'attaquer, se réfugia d'abord de l'autre côté de l'Escaut, sous la suzeraineté de Lothaire. Mais il réfléchit bientôt qu'il n'y trouverait pas plus de sûreté; car la sentence d'excommunication était lancée en vertu d'une décrétale du pape saint Grégoire, qui frappait d'anathème le ravisseur d'une veuve, et avec lui tous ceux qui l'avaient aidé dans le rapt[1]. Il prit donc sur-le-champ son parti. Ayant confié toutes ses places et ses armées à des chevaliers dévoués qui jurèrent de le maintenir, il apprit à sa femme la triste nouvelle qui le forçait à s'éloigner de ses États.

— Je vais à Rome, dit-il; je tomberai aux genoux du Souverain-Pontife; il me prendra en pitié.

---

[1] Si quis viduam furatus fuerit in uxorem, ipse et consentientes ei anathema sint.

— Je vous suivrai dans ce voyage, répondit Judith ; en devenant votre épouse, je n'ai pas dû m'attendre à partager seulement vos splendeurs.

Et tous deux partirent pour Rome, où siégeait alors le saint pape Nicolas.

En arrivant, comme de simples pèlerins, dans la capitale du monde chrétien, Baudouin et Judith allèrent prier au tombeau des saints apôtres. Après quoi ils se présentèrent devant le Pape. Le vorstier de Flandre se prosterna humble et dévoué ; il raconta avec droiture toute l'histoire de sa vie ; il avoua sa passion, qu'il n'avait pas su vaincre ; il confessa sa faute et celle de Judith, dans leur mariage qui avait irrité Charles-le-Chauve ; il demanda une pénitence.

La dame de Flandre s'était aussi mise aux genoux du Saint-Père. Le bon pape Nicolas fut touché de la tendresse et de la piété des deux époux ; élevant sa main, il les bénit ; il leva l'excommunication qui pesait sur eux ; il leur imposa avec indulgence une peine légère, puis il leur dit :

— Dieu vous pardonne, mes enfants ! Soyez,

vous Baudouin, le boulevard de la foi contre les barbares; vous Judith, l'exemple de vos peuples; et retournez en paix dans votre pays; pour moi, je vais écrire au roi Charles et aux prélats de Soissons. Dieu, qui est le maître, fera le reste.

Les deux époux se trouvèrent comme soulagés d'un pesant fardeau par l'absolution du Souverain-Pontife. Après quelques jours de repos, ils s'en revinrent à petites journées dans leurs domaines de Flandre, pendant que, par ordre du pape Nicolas, les évêques de Porto et de Cervia se rendaient à la cour de France [1].

« [1] On blâma ce pèlerinage de Baudouin à Rome ; on blâma également le pèlerinage à Rome du roi anglais Adelwof. Une lettre que cent cinquante ans plus tard Canute-le-Grand envoyait en Angleterre par l'abbé Tavistok, au retour d'un pèlerinage semblable, répondra :

« Canute, roi de tout le Danemark, de l'Angleterre, de la Norwége et d'une partie de la Suede, à Egelnoth le métropolitain, à l'archevêque Alfrik, à tous les évêques et chefs, et à toute la nation des Anglais, nobles et gens de communes, salut.

» Je vous écris pour vous informer que j'ai été dernièrement à Rome, afin de prier pour la rémission de mes péchés et pour la sûreté de mes royaumes et des nations qui sont assujéties à mon sceptre. Il y a longtemps que je m'é-

Charles-le-Chauve était à Soissons. Les évêques, sur l'avis du Souverain-Pontife, s'empressèrent de retirer l'anathème qu'ils avaient lancé. Ermentrude, mère de Judith, se soumit et pardonna aussitôt à sa fille et à son gendre ; mais le roi Charles fut plus rebelle.

tais engagé par vœu à faire ce pèlerinage ; mais j'en avais été détourné jusqu'ici par des affaires d'État et autres empêchements. Maintenant j'adresse d'humbles remercîments au Dieu tout-puissant, qui m'a permis de visiter les tombeaux des bienheureux apôtres Pierre et Paul, et tous les saints lieux au dedans et au dehors de Rome, et de les honorer et révérer en personne......

» Sachez en outre qu'il y eut à la fête de Pâques une grande réunion de nobles personnages, avec le pape Jean et l'empereur Conrad, savoir, tous les chefs des nations, depuis le mont Gargano jusqu'à la mer voisine, qui me reçurent tous honorablement et me firent des présents précieux ; mais particulièrement l'Empereur, qui me donna plusieurs vases d'or et d'argent, avec de riches manteaux et de magnifiques vêtements. Je saisis alors l'occasion de conférer avec le Pape, l'Empereur et les princes, sur les griefs de mes peuples anglais et danois, afin de pouvoir les faire jouir de lois plus équitables et d'une sauvegarde plus sûre dans leur chemin pour Rome ; et qu'ils ne fussent plus retenus à tant de barrières, ni ruinés par tant d'injustes exactions. Mes demandes me furent accordées par l'Empereur et par le roi Rodolphe, à qui la plus grande partie des barrières appartiennent ; et tous les princes arrêtèrent que mes sujets, pèlerins ou marchands, pourraient à l'avenir aller à Rome

Outre les bons avis que le Pape avait écrits à ce prince, les évêques qu'il envoyait comme messagers de paix lui représentèrent que sa conduite haineuse faisait scandale; que les ennemis de la foi pouvaient se réjouir de voir des guerres et des discordes parmi des peuples qui suivaient une religion de clémence; que, dans un moment où les hommes du Nord venaient dévaster les Gaules, il était horrible à des princes du même pays et de la même foi de perdre en querelles intestines des forces à peines suffi-

et s'en retourner en pleine sécurité, sans être retenus aux barrières ou payer des droits illicites.

» Je me plaignis ensuite au Pape et lui exprimai mon déplaisir de ce que tant de sommes immenses étaient exigées de mes archevêques, quand selon la coutume ils se rendaient au Siège Apostolique pour obtenir le pallium. Un décret a été rendu qui met fin à cet abus. Tout ce que j'ai demandé pour l'avantage de mon peuple au Pape, à l'Empereur, ou aux princes dont la route de Rome traverse les possessions, m'a été volontairement accordé et confirmé par serment, en présence de quatre archevêques, de vingt évêques et d'une multitude de ducs et de nobles... »

Ceci ressemble beaucoup à un congrès, *invention* diplomatique dont l'origine serait plus ancienne qu'on ne le pense.

Cette lettre remarquable de Canute nous a été conservée par les chroniqueurs de son siècle. (*Vie d'Alfred-le-Grand* du comte de Stollberg, traduite par W. Duckett.)

santes pour repousser l'ennemi commun ; que, par égard pour le Saint-Siége, si l'indulgence n'était pas dans son cœur, il devait pardonner ; qu'il montrerait ainsi une âme vraiment chrétienne.

Ils ajoutèrent que Baudouin était la terreur des Normands ; mais que, si on le repoussait et qu'au lieu de se tourner contre les Barbares il se joignît à eux, la France était perdue. Cette dernière considération frappa surtout Charles-le-Chauve. Après qu'il fut resté pensif un peu de temps, il consentit à regarder le mariage de sa fille et de Baudouin comme s'il eût été fait de son aveu. Il envoya donc une ambassade au grand-vorstier de Flandre.

Les envoyés, qui étaient, disent les légendes, des hommes considérables, portaient le pardon du Roi, la révocation des censures ecclésiastiques et l'invitation aux deux époux de se rendre en France pour faire bénir leur mariage. Baudouin, qui, en ce moment, arrivait de Rome avec sa chère Judith, reçut les ambassadeurs du Roi son suzerain de la manière la plus éclatante. Il n'eut pas plus tôt lu leurs dépêches, qu'il ordonna dans tous ses pays des prières, des processions générales et des actions de grâce. Après quoi il se rendit, suivi d'un grand cortége, à Soissons, où était la cour.

Le Roi, quoiqu'il eût pardonné, trouvant encore l'alliance de Baudouin au-dessous de sa noblesse, ne voulut pas assister au mariage. Il ordonna donc qu'il se célèbrerait à Auxerre. Il est vrai qu'il enjoignit à ceux de cette ville de recevoir Judith et Baudouin avec tous les honneurs qu'on lui eût rendus à lui-même. Toutefois il s'obstina à ne pas être témoin de la bénédiction des époux.

Mais, après cette cérémonie, Baudouin et Judith, étant revenus à Soissons, où le bon prélat Hincmar avait encore plaidé leur cause auprès du Roi, se mirent aux genoux de Charles-le-Chauve; la reine Ermentrude, qui serrait dans ses bras sa fille bien-aimée, intercéda aussi pour eux, et enfin le Roi s'adoucit entièrement. Il embrassa sa fille et son gendre. Puis il dit à Baudouin :

— Vous n'étiez que vorstier ou gouverneur à vie de la Flandre, et marquis ou gardien de nos frontières maritimes. Désormais, pour que vous deveniez digne de notre alliance et de notre fille auguste, nous vous faisons comte héréditaire de Flandre, et nous étendons vos domaines jusqu'à Saint-Valéry dans notre royaume. Nous y joignons encore Thérouanne, Arras et le Tournaisis.

Le Roi ajouta à ces dons gracieux des paroles affables, et ce ne fut qu'à la suite de longues fêtes que le comte et la comtesse de Flandre s'en revinrent triomphants dans leur seigneurie.

En passant par Reims, l'archevêque Ebbon, qui voulait aussi les fêter, leur fit présent du corps de saint Donat, sur les reliques duquel il avait célébré les Saints Offices à leur intention. C'est pourquoi on appela ce bon saint le père de la paix, *pater pacis*, parce qu'on crut que sa généreuse intercession avait changé les dispositions hostiles du roi Charles. Tout cela eut lieu l'an 862.

L'année suivante, Baudouin Bras-de-Fer et Judith, heureux et paisibles dans leur belle comté de Flandre, firent construire à Bruges, qui devint leur séjour, au lieu où Lyderick avait bâti la chapelle de Notre-Dame, la belle église de Saint-Donat. Baudouin en même temps marcha contre les Normands, qui débarquaient sur ses côtes, et les repoussa si vaillamment, qu'ils n'y revinrent plus de tout son règne. Il fit élever, pour défendre Bruges contre ces ennemis et contre tous autres, un château qu'on appelle encore le Bourg. Il acheva celui de Gand, dont les restes sont fièrement debout. Il transféra au cloître de Saint-Pierre de cette ville les reliques de sainte Amelberge ; cérémonie auguste à laquelle présida le pieux Raymelin, évêque de Noyon. Il s'occupa de faire fleurir dans ses domaines la Religion, les lois, la paix, le commerce et l'abondance.

Il eut de sa chère Judith trois enfants : Charles, le premier, étant mort par la faute de sa nourrice, la comtesse de Flandre allaita elle-même le second, qui se nommait Baudouin, « laissant par là un mémorable exemple que » toute mère devrait suivre, » dit Oudegherst : car on a enseigné avant Jean-Jacques Rousseau les devoirs des mères. Le troisième, qui s'appeait Rodolphe eut pour apanage le comté de Cambrai.

Baudouin Bras-de-Fer mourut en 879, à Arras. On ignore l'époque de la mort de Judith, à qui pourtant on a fait une longue épitaphe en vers latins. Voici la traduction en vieilles rimes d'une partie de cette pièce :

> Fille du roi Charles-le-Chauve,
> Je fus cette Judith si belle et si prisée,
> Que Baudouin Bras-de-Fer a tellement aimée,
> Que sa vie à peine étant sauve.
> Il n'eut point de repos qu'il ne m'eût épousée.
> Des Flamands première comtesse,
> Femme de noble race et de tous honorée,
> Me voici maintenant en un cercueil posée,
> Sans alentour et sans liesse.
> Où sont mon doux mari? mes beaux enfants si chers ?
> Et mon riche pays? et ma cour agréable ?
> Ma pauvre chair, hélas ! s'en va nourrir les vers :
> Car ici-bas rien n'est durable.

Charlemagne.

APPENDICE

CHARLEMAGNE

SOMMAIRE HISTORIQUE

> Le sceptre de Charlemagne était l'arc d'Ulysse, qu'un bras plus faible ne pouvait tendre.
>
> HALLAM.

Charles, dont le souvenir est demeuré tellement grand, qu'on n'a jamais pu séparer les deux mots qui expriment la grandeur et son nom, et que tous les peuples l'ont constamment appelé Charlemagne (Carolus Magnus) était né à Jupille le 10 avril de l'année 742, selon l'opinion la plus accréditée. Il eut dans l'héritage de son père la Neustrie, la Bourgogne et l'Aquitaine; Carloman eut l'Austrasie.

Tandis que l'on couronnait avec pompe ces deux rois, le même jour 7 octobre 768, Charlemagne à Noyon et Carloman à Soissons, le père de Vaiffre, dernier duc d'Aquitaine, le vieil Hunold, qui avait pris l'habit religieux dans l'île de Ré, quitta subitement le cloître, reparut dans ses États, les souleva contre la nouvelle dynastie et se montra à la tête des armées. Charlemagne aussitôt partit avec son frère. Mais, au moment de franchir la Loire, Carloman, sans rien dire, changea d'avis, rebroussa chemin et abandonna l'armée. Charles, incapable de s'effrayer, poursuivit sa route, livra bataille, soumit l'armée de Hunold et le mit en fuite. Loup, duc des Gascons, chez qui ce prince s'était sauvé, le livra à Charlemagne, qui le retint captif et s'en revint passer les fêtes de Pâques à Liége [1], ayant montré par cette première campagne qu'il saurait porter l'épée de Charles-Martel.

Didier, roi des Lombards, redoutant ce jeune prince, lui offrit en mariage sa fille Desiderade [2]. Quoique les Lombards fussent abhorrés en Europe, parce qu'ils avaient répandu sur la terre l'infâme plaie de la lèpre [3], quoique nos princes eussent coutume de ne prendre pour femmes que des filles de leur nation, Charlemagne, désirant se faire des alliés, épousa, en 770, la fille du roi de Lombardie ; mais une infirmité secrète la lui fit répudier peu après. Didier, furieux, lui voua dès lors une haine profonde ; il accueillit à sa cour Hunold, qui s'était échappé de sa prison ; il devint l'appui de tous les ennemis de Charlemagne.

Au bout de trois ans de règne, Carloman mourut. Tous pays occupés par les Francs reconnurent Charles pour roi unique. Il partit de Herstal, où il était, pour aller recevoir les hommages. Le royaume de Peppin comprenait la Gaule-

---

[1] Adelmi Annal., anno 769.

[2] Appelée aussi Hermengarde.

[3] Lettre du pape Étienne IV à Charlemagne.

Belgique, bornée au nord par la Meuse et le Vahal, à l'orient par le Rhin, la Loire et l'Océan ; Charles y ajouta, par ses guerres, d'abord l'Aquitaine, qu'il soumit sans retour, la Gascogne, la chaîne entière des Pyrénées, et toutes les contrées que borne l'Èbre, ensuite l'Italie jusqu'à la Calabre-Inférieure, la Saxe, presque toute la Germanie, l'Istrie, la Croatie et la Dalmatie ; enfin tous les pays sauvages compris entre le Danube, la Vistule et l'Océan.

Avant de le suivre dans ses expéditions, qui, selon le calcul d'Éginhart, sont au nombre de cinquante-trois, nous croyons devoir tracer en peu de mots son portrait. Il avait le port majestueux, la taille élevée[1], de l'embonpoint dans son âge mûr, le nez un peu aquilin, le teint blanc et pur, les yeux grands et pleins de feu, les cheveux châtains, toute la figure belle, la physionomie ouverte, le sourire gracieux, la voix douce, le maintien noble. Dans les cérémonies publiques, il portait un habit tissu d'or et une couronne étincelante de pierreries ; les jours ordinaires, il était vêtu avec simplicité ; sur une chemise et un caleçon de lin, il avait un haut de chausse ou pantalon de drap, une tunique bordée de soie, en hiver un surtout doublé de peau de loutre et un manteau de Venise, une toque de drap ou de velours ; pour chaussure il se servait de bandelettes de diverses couleurs, croisées les unes sur les autres. A la guerre, il avait une armure de fer et d'airain. Son épée, que les historiens ap-

---

[1] Mais non pas au-dessus de six pieds, comme l'ont dit les historiens modernes : *Statura eminens, quæ tamen justam non excederet.* EGINHART. Sur une autre phrase du même historien, mal comprise, Freher a fait une dissertation pour prouver que Charlemagne avait sept pieds...

pellent sa Joyeuse, et avec laquelle, disent les chroniques de Saint-Denis, il fendait en deux un chevalier tout armé, était longue de cinq pieds, large et pesante ; il scellait ses ordres avec le pommeau, et il disait : « Voici mes ordres ; » on conte qu'il ajoutait quelquefois en montrant la pointe : « Voilà ce qui les fera respecter de mes ennemis. »

En acceptant le fardeau que lui amenait la Providence, Charlemagne sentit ce qu'il avait à faire pour le soutenir.

Il vit dans la Germanie de nouveaux essaims de guerriers, prêts à inonder l'Europe comme au temps d'Attila. Il remarqua les Saxons toujours indomptés, les Allemands mal soumis, les Slaves qui étendaient leurs envahissements, les Huns qui occupaient ce qu'on appelle aujourd'hui la Hongrie et une partie de l'Autriche. Tous ces peuples, amis des Saxons, pouvaient au premier signal lancer sur le Rhin, comme une nuée d'orage, un million d'hommes féroces. Charles vit bien que là devait se porter constamment sa surveillance ; pour être prêt dans toute occasion à repousser les barbares, il se décida à ne pas prendre d'autre résidence que les contrées voisines du Rhin. Il habita Herstal, Jupille, Liége, Aix-la-Chapelle, bâtie au deuxième siècle, ruinée par Attila, relevée enfin par lui. Alors cette cité faisait partie du sol franc. Sans les mesures qu'il prit, l'Europe s'abîmait encore ; la Croix tombait devant les idoles. Il fallut des guerres d'extermination. On les a bien reprochées à Charlemagne ; on n'a pas assez réfléchi qu'il y fut violemment contraint.

Son aïeul et son père avaient introduit dans les armées

d'importantes améliorations. Charlemagne, qui sentait la grandeur de sa situation, alla plus loin. Il étudia l'art de la guerre dans les livres des Romains. Il remit en vigueur leur tactique. Les Saxons combattaient comme les premiers Francs, avec la hache et le bouclier ; il voulut que ses troupes fussent protégées davantage ; il pensa que la cuirasse et le casque de fer ne nuisaient pas au courage. On lit dans ses Capitulaires des détails à ce sujet : « Que le comte, dit-il, ait soin que les armes ne manquent point aux soldats qu'il doit conduire à la guerre ; qu'ils aient des lances, un bouclier, un arc avec deux cordes et douze flèches ; qu'ils aient des cuirasses et des casques[1]. » Des corps entiers cependant restaient fidèles à la hache, à la massue, à la longue épée. Charles lui-même portait une armure complète. Outre le casque et la cuirasse, il avait des manches de maille, des cuissarts de lames de fer, des chausses de maille[2]. Ses chefs avaient tous des cuirasses et des casques de fer ou d'airain. Aussi la majorité des enfants, qui était admise à quinze ans chez nos pères lorsqu'ils n'avaient que des armes légères, fut fixée dès lors à vingt-un ans, à cause des armures pesantes qu'il fallait porter maintenant pour aller à la guerre.

Dans les campements, dans les siéges, dans la disposition des batailles, on suivit les usages des Romains. La convocation des troupes se faisait avec rapidité. Dès qu'on avait publié le ban de guerre, le comte ou seigneur était obligé

[1] Capitulaires Baluze, tome Ier, pages 508 et 509.
[2] Le moine de Saint-Gall, vie de Charlemagne, livre II.

de marcher à la tête de ses vassaux. Son serment de foi et hommage, qui faisait de lui le vassal du prince, l'y obligeait. S'il y manquait, quoique les bénéfices devinssent généralement héréditaires, le roi le révoquait et mettait un autre à sa place. Plus tard, Charles-le-Chauve menace encore les comtes, qui n'exécuteront pas ses ordres, de les révoquer ainsi[1].

Quand le comte appelait ses hommes, celui qui ne se rendait pas à l'armée était condamné à une amende de soixante sous d'or. S'il ne les payait pas, il devenait serf du roi. Un officier du prince qui négligeait le service militaire était mis au pain et à l'eau. Personne ne pouvait se dispenser de ce devoir, à l'exception des nouveaux mariés, qui en étaient exempts la première année de leur union. Le comte ne pouvait donner un congé sans la permission du roi ; s'il le donnait de sa seule autorité, il était passible d'une grosse amende. Celui qui avait un bénéfice du roi le perdait, lorsqu'il ne paraissait pas à l'armée. Le déserteur était puni de mort. Celui qui fuyait dans le combat, ou refusait de marcher à l'ennemi, était déclaré infâme ; et son témoignage n'était plus reçu en justice. D'un autre côté, les meurtriers, les incestueux, les hommes déshonorés étaient chassés, quand ils se montraient dans les rangs des braves. Celui qui s'enivrait dans le camp était, pour un temps assez long, condamné à ne boire que de l'eau[2].

[1] Premier article de l'addition à l'édit de Piste.
[2] Capitulaires, liv. I, cap. 57, 68, 69, 71 ; liv. III, cap. 72 ; liv. VI, cap. 258, 254.

Relativement à l'équipement et aux vivres, nous trouvons des renseignements dans un autre capitulaire de Charlemagne; ce règlement fait même connaître que les usages qu'il recommande n'étaient pas nouveaux. « Nous avons ordonné, dit-il, qu'on publiât l'ordre, et qu'on observât les préparatifs de l'entrée en campagne, suivant l'ancienne coutume ; c'est-à-dire, que chacun se fournisse de vivres dans sa province pour trois mois, de vêtements et d'armes pour six mois[1]. » On a conclu de ce passage que, le pays étant obligé de fournir de vivres, pour trois mois seulement, ceux qui allaient à la guerre, le roi les nourrissait à ses frais les trois autres mois. N'est-il pas probable que généralement alors ils vivaient sur le pays ennemi?

La fabrication des cuirasses et des armures défensives était sous la main du roi; nul n'en pouvait avoir au delà de ses besoins; il était défendu d'en faire commerce; c'eût été surtout une félonie d'en porter chez les Saxons.

La discipline dans les marches était grande. Tout homme lésé par un soldat devait être triplement dédommagé sur-le-champ. Le commandant qui négligeait de faire justice était cassé.

Ceux qui n'allaient pas à la guerre gardaient les frontières, faisaient le guet dans les villes, fournissaient au roi des chevaux de transport, et payaient leur service par d'autres corvées. C'était alors encore le seul impôt direct.

Les évêques et les abbés pourvus de bénéfices avaient

[1] Cap. Caroli Magni, lib. III, cap. 74.

pour charge l'obligation de loger et d'héberger le roi à son passage. C'est l'origine du droit royal d'albergie ou d'hébergement. Avec un prince comme Charlemagne, dont la vie fut un voyage continuel, ce droit fut quelquefois onéreux. On conte qu'il en usa si souvent dans le palais d'un évêque qui se trouvait sur la route de Saxe, que le prélat se trouva bientôt ruiné. L'Empereur ne s'en aperçut point. Mais, un jour qu'il arrivait avec sa nombreuse suite, il trouva le bon évêque et tout son monde occupés à balayer sa maison du haut en bas : — Laissez cela, dit-il : tout n'est-il pas assez net? — Seigneur, répondit le prélat, il ne s'en faut guère ; mais j'espère qu'aujourd'hui tout le sera de la cave au grenier. Le roi comprit à demi-mot. — Rassurez-vous, dit-il ; j'ai la main aussi bonne à donner qu'à prendre. Sur-le-champ il unit une terre considérable à l'évêché.

Les serfs allaient aussi à la guerre, mais non pas pour combattre. Eux seuls chez nos ancêtres guerriers exerçaient les arts usuels. Les forgerons, les maréchaux-ferrants, les armuriers, les tailleurs, les cordonniers, les tisserands, étaient des serfs ; et il en fallait dans tous les corps en campagne.

Ces sages dispositions ne furent plus que désordre, comme on le sait bien, sous les successeurs de Charlemagne. Il en sera de même de ses autres lois ; car il s'était occupé de tout. Pour satisfaire le clergé, qui était encore fréquemment pauvre, il établit les dîmes ; jusqu'à lui on n'avait fait que les consciller ; il soumit ses propres domaines à cette redevance.

La loi salique ordonnait aux juges de siéger avec le bouclier et l'épée. Charlemagne exigea d'autres conditions : il voulut que ses juges fussent instruits ; c'est pourquoi il institua les tribunaux des évêques. Il proclama le droit d'appel de tout jugement au souverain ; il créa des commissaires royaux, *missi dominici*, qui allaient partout réviser les jugements et rendre à tous bon droit. Il arrêtait de tout son pouvoir les envahissements féodaux, qu'il voyait poindre.

Il rétablit le combat judiciaire pour les affaires douteuses. Des causes criminelles, cet usage envahit bientôt les causes civiles ; et, comme les combats se multipliaient, il voulut introduire l'usage de se battre avec le bâton ; les seigneurs s'y refusèrent. Il maintint les épreuves ou jugements de Dieu. La chevalerie militaire, cette sorte de confraternité d'armes, remontait au temps des Germains ; il l'honora. De vaillants chevaliers brillèrent sous son règne, et leurs prouesses ont inspiré longtemps les vieux poètes.

BATAILLE DU TORRENT

A longue guerre des Saxons, qui devait durer trente-trois ans, commença d'abord. Jusque-là on n'avait cherché qu'à les vaincre. Charlemagne voulut les soumettre complètement. « Ce fut de nos guerres la plus longue et la plus cruelle, dit Eginhart[1]; leur territoire était presque partout contigu au nôtre; leurs pillages fréquents et leurs incendies forcèrent le roi à une guerre décisive. Elle fut sanglante et parut interminable. Il serait difficile de dire combien de fois, vaincus et suppliants, ils se soumirent. Dès qu'ils avaient la paix, ils oubliaient leurs promesses, aussi légèrement qu'ils les avaient faites. Il fallut au roi une grande persévérance; mais jamais son courage ne se rebuta. Ses armées, commandées tantôt par lui-même, tantôt par ses comtes, ne les laissèrent jamais tenter impunément une invasion. »

Les Saxons, que Salvien appelle une nation de fer, prirent les armes pendant que Charlemagne était encore retenu

---

[1] Vita et gesta Caroli cognomento Magni.

en Aquitaine; ils se liguèrent secrètement avec les Frisons, leurs voisins, et avec les Danois. Ils massacrèrent tous ceux de leurs frères que Saint-Libvin avait convertis à la foi chrétienne; ils brûlèrent l'église de Deventer; après quoi, ils se jetèrent sur la Taxandrie et pénétrèrent dans le Brabant, mettant tout devant eux à feu et à sang. Charles, apprenant ces nouvelles, s'en revient à la hâte, se repose un jour à Herstal, et convoque un parlement [1] à Worms, ville que Clovis avait rebâtie en deçà du Rhin. Tous les leudes jurent de le suivre pour la défense de la patrie. Les ducs et les comtes amènent de toutes parts leurs guerriers; Charlemagne avait auprès de lui ses neveux, Roland et Ogier, Aimon d'Ardennes, dont les quatre fils sont si célèbres dans les romans de chevalerie, et l'intrépide Olivier; en un moment le roi fond sur les Saxons, les disperse, les repousse jusque devant Stadtberg (Eresburgum) sur le Dimel. C'est, dit-on, dans cette guerre brillante que le vaillant Ogier mérita, par ses faits d'armes héroïques, le surnom de Danois. Stadtberg était la principale forteresse des Saxons. La, sur un rocher, était leur idole d'Irmensul, qu'ils adoraient comme leur Dieu de la guerre, et qui était, selon quelques savants, l'image de leur ancien chef Hermann ou Arminius. Malgré les succès des nôtres, les Saxons ne se soumirent pas encore. Ils se rallièrent dans les rochers en avant de Stadtberg et arrêtèrent notre armée. C'était dans l'été de l'année 772; il faisait un temps magnifique; cette circonstance faillit devenir fatale aux soldats francs.

[1] *Parliamentum*, assemblée nationale.

Depuis trois jours nos bataillons n'avaient pu trouver d'eau, ni rivière, ni ruisseau, ni fontaine ; il leur fallait, pour arriver au Dimel, culbuter l'ennemi retranché dans une position très forte. Fatigués d'un long combat, épuisés par la chaleur, les nôtres ne soutenaient plus leurs armes, quand tout à coup le ciel se couvre, un orage éclate ; une pluie violente en est la suite, un torrent qui était à sec dans les rochers se remplit et déborde. Les Francs, qui voient là une merveille, retrouvent la vigueur et la force, retournent avec fureur à l'ennemi, et, après une bataille opiniâtre, s'emparent de Stadtberg, démolissent ses remparts, en emportent les richesses et arborent l'étendard de la croix.

Une médaille consacra ce souvenir, avec cette inscription : *Les Saxons vaincus au Torrent* [1], et Charlemagne, emmenant des otages pour sûreté de la paix qu'il croyait solide, s'en revint à Herstal, où il passa l'hiver [2].

Alors, dit-on, Ogier-le-Danois, dont la prodigieuse bravoure venait de rendre à Charlemagne les plus grands services, Ogier, né dans la Belgique orientale, appelé aussi Ogger, Otger, et dans les chroniques latines Autcharius, perdit les bonnes grâces du roi son oncle, en cherchant à rétablir ses cousins les fils de Carloman dans l'héritage de leur père. Il fut obligé de quitter la cour de Charlemagne, qui pourtant l'aimait et le vit partir avec peine ; et, dans un moment de mauvaise humeur, il se retira avec les ennemis de son prince à la cour de Didier.

[1] Saxonibus ad Torrentem devictis.
[2] Adelmi Benedict. Annales. Regino, etc.

CONQUÊTE DE L'ITALIE

DRIEN Ier fut élevé sur le Saint-Siége, en la même année 772. Didier, roi des Lombards, venait de ravir une partie des domaines que Peppin-le-Bref avait donnés à l'Eglise. Il voulait même s'emparer du Pape, au moyen d'une trahison qui fut découverte. Ayant trouvé dans Adrien un homme qu'il ne pouvait effrayer, il lui offrit de restituer l'exarchat de Ravenne, s'il consentait à se déclarer contre Charlemagne et à sacrer rois de France les fils de Carloman, encore enfants, qui s'étaient retirés à sa cour, avec Gerberge leur mère [1].

Le Souverain-Pontife, sachant que son plus solide appui était Charlemagne, refusa de le trahir ; il ferma à Didier les portes de Rome, décidé à défendre ses remparts; en même temps il envoya par mer un de ses serviteurs qui, après un long voyage, trouva Charlemagne à Thionville. Le roi, instruit de ce qui s'était passé, députa une ambassade au roi des Lombards, et lui offrit quatorze mille sous d'or, s'il voulait rendre au Pape le patrimoine de Saint-Pierre et

---

[1] Charlemagne s'était plaint amèrement de la fuite de ses neveux, en disant qu'il n'avait pas mérité d'être craint par sa famille.

maintenir la paix ; car il voyait déjà dans le Nord les Saxons prêts à se relever. Cependant il alla à Genève pour attendre la réponse de Didier ; il y convoqua le champ de Mai.

La réponse du Lombard fut insolente ; il crut que Charlemagne avait peur ; il investit Rome. Adrien, qui ne tremblait pas, envoya dans le camp de Didier les évêques d'Albano, de Tivoli et de Palestrine, qui jetèrent à ses pieds la bulle d'anathème lancée contre lui. Pendant qu'il se troublait d'une telle mesure, deux de nos armées descendaient, l'une du Mont-Cénis sous les ordres de Charlemagne, l'autre le Mont-Joux sous le commandement de Bernard, qui était un fils naturel de Charles-Martel.

A la nouvelle d'une si grande promptitude, Didier abandonne le siége de Rome et court défendre les défilés des Alpes. Mais, pendant qu'il attaquait une de nos avant-gardes dans la vallée d'Aoste, il fut tourné par l'autre, mis aussitôt en pleine déroute, et poursuivi jusqu'à Pavie, où il se renferma, avec Ogier-le-Danois et Hunold, l'ancien duc d'Aquitaine. Les enfants de Carloman et leur mère s'étaient jetés dans Véronne, sous la protection d'Adalgise, fils de Didier. Charlemagne bloqua aussitôt ces deux villes.

Le moine de Saint-Gall, qui a écrit la vie de Charlemagne en 884, et qui est presque contemporain, trace en ce moment une scène, poétique comme le héros dont il écrivait la vie. Nous croyons devoir la traduire :

« Quand le roi Didier et Ogier-le-Danois apprirent que le redoutable Charles arrivait, ils montèrent tous deux au sommet d'une tour, d'où ils pouvaient le voir venir de loin.

Ils aperçurent d'abord de tous côtés des machines de guerre en si grand nombre, que le roi des Lombards demanda si Charles n'était pas avec cette armée?

— Non, répondit Ogier.

» Voyant ensuite d'immenses troupes de soldats, assemblés de tous les points de notre vaste empire, Didier dit de nouveau :

— Assurément Charles s'avance parmi cette multitude.

— Non, pas encore, dit le réfugié.

— Que ferons-nous donc, reprit le roi inquiet, si ce ne sont pas là tous ses guerriers?

— Vous allez le voir bientôt, répondit Ogier. Quant à ce qui nous arrivera, je ne saurais le dire.

» Alors parut le puissant corps des gardes, qui ne peut souffrir le repos. Le roi lombard, troublé, s'écria :

— Cette fois, c'est Charles.

— Non, pas encore, répliqua Ogier.

A la suite de ces bataillons, arrivèrent les évêques, les abbés, les comtes. Didier, dont l'effroi croissait toujours, dit en gémissant :

— Oh! descendons et cachons-nous dans les entrailles de la terre.

Mais Ogier-le-Danois lui répondit :

— Charles n'est pas encore là. Quand vous verrez les moissons s'agiter dans les champs et les épis se courber comme au souffle de la tempête, quand vous entendrez vos fleuves frémir, vos ponts craquer, et le cliquetis des armes monter jusqu'à vous, vous pourrez croire que c'est Charlemagne qui s'avance.

» Ogier achevait à peine de prononcer ces mots, que l'on aperçut vers le couchant un nuage ténébreux, soulevé par le vent du nord-ouest ; aussitôt le jour devint sombre. Puis, du milieu de ce nuage, les glaives étincelants firent luire aux yeux de Didier des éclairs plus tristes que la nuit. Alors enfin parut Charles lui-même. Un casque de fer couvrait sa tête ; ses mains étaient garnies de gantelets de fer ; une cuirasse de fer protégeait sa poitrine puissante et ses larges épaules. Il avait à sa gauche une lance de fer, et à sa droite sa redoutable épée. Ses cuisses, que les autres chefs, pour monter plus facilement à cheval, ne garnissaient pas même de courroies, étaient entourées de lames de fer. Des bottes de fer le chaussaient, comme tous ses braves. Son cheval même semblait être de fer ; il en avait la couleur. Toute son armée était couverte de fer comme leur armure. Didier sentit qu'il fallait lutter et mourir. »

Charlemagne cependant, ayant investi Pavie et Vérone, et voyant que toute la Lombardie se soumettait, résolut d'épargner le sang ; il se contenta de tenir les deux villes cernées par une partie de ses troupes. Avec le reste, il se rendit maître de toute l'Italie, à l'exception du pays de Naples. Le blocus de Vérone et de Pavie dura tout l'hiver.

Certain de prendre les deux villes par la disette, Charles accepta, en attendant, les honneurs du triomphe que lui offraient les Romains. Pour la première fois, en faveur d'un homme du Nord, d'un prince franc, on vit renaître ces pompes, dont César avait joui avec tant d'orgueil.

Le 1er avril de l'année 774, Charlemagne fit, dans Rome qu'il délivrait, son entrée triomphale; les patriciens de Rome, les sénateurs, le clergé de toutes les églises de la ville sainte et tout le peuple romain vinrent à sa rencontre, portant des branches d'olivier; toutes les rues étaient pavoisées; les prêtres chantaient : « Qu'il soit béni, celui-là qui vient au nom du Seigneur! »

Charlemagne, pour cette grande cérémonie, n'avait voulu d'autre cortége que ses braves, et d'autre char que son cheval de guerre. Dès qu'il aperçut la bannière de la croix, il mit pied à terre et marcha ainsi jusqu'à la basilique des saints apôtres, où le Pape l'attendait sous le péristile. Le Saint-Père le prit par la main et le conduisit au tombeau de saint Pierre. Là, le prince de la terre et le prince de l'Eglise se jurèrent une éternelle amitié; et tout le séjour que Charlemagne fit à Rome ne fut qu'une suite de fêtes. Il confirma la donation faite par Peppin au Saint-Siége; il en fit jurer le maintien par ses chefs. Après quelques mois de repos, il retourna au camp de Pavie.

Hunold, aux conseils de qui on attribuait la guerre qui accablait Didier, venait d'être massacré par le peuple. Le roi lombard se rendit alors; il fut dépouillé de son trône, exilé à Liége, avec sa femme et sa fille[1], sous la garde de l'évêque Agilfride, puis renfermé dans le monastère de Corbie, où il acheva ses jours. Son fils Adalgise s'enfuit à

---

[1] Sigebert, année 774. Les annales de Fulde et d'autres chroniques disent que Charlemagne, revenant à Liége, y amena lui-même Didier.

Constantinople, emmenant ou abandonnant les enfants de Carloman, que reçurent en tout cas le cloître ou l'exil [1]. Ogier se fit religieux à Meaux ; et Charlemagne, à cause de lui, combla de biens l'abbaye de Saint-Faron, où il s'était retiré. Ainsi tomba le royaume de Lombardie.

Charles, laissant à ce pays ses lois et ses chefs, se contenta de prendre le trésor du roi, qu'il distribua à son armée, et d'ajouter à ses titres celui de roi des Lombards. Il se hâta ensuite de revenir parmi nous ; car les Saxons avaient repris leurs courses et dévastaient nos frontières.

Ces peuples, qui adoraient des dieux guerriers, des dieux qui n'admettaient à leurs festins que ceux qui avaient combattu, les Saxons ne pouvaient tout d'un coup se plier aux mœurs évangéliques ; c'était en rugissant qu'ils payaient le tribut aux Chrétiens. Dès qu'ils avaient su Charlemagne au delà des Alpes, ils s'étaient agités. Un homme du Nord, un prince brave et qui devait lutter avec constance contre Charlemagne, Witikind, chef des Angriens, entre l'Ems et le Weser, vint se mettre à leur tête. Il était aussi habile que vaillant. Il brisa le joug que les Saxons avaient reçu, releva l'idole d'Irmensul, que le peuple barbare crut apaiser en lui sacrifiant des victimes chrétiennes, et se fit élire chef de toutes les tribus saxonnes.

[1] Beaucoup d'historiens, prompts à juger sur le vague, ont soupçonné Charlemagne, à propos de la disparition de ses neveux ; et de nos jours on écrit encore que le silence de l'histoire à ce sujet est une tache au beau nom de Charlemagne. Les deux fils de Carloman étaient Peppin et Siagrius : ils achevèrent leurs jours dans des monastères. Siagrius, devenu évêque de Nice, fut même mis au rang des saints. Les preuves de ce que nous disons-là ont été retrouvées sous Louis XIV, dans les archives de l'abbaye de Saint-Pons de Nice, et publiées par Bossuet.

Il avait franchi le Rhin. Mais Charlemagne parut tout à coup en Austrasie. Il convoqua une assemblée des leudes dans le pays de Juliers. Le champ de mai ne se sépara que pour lever des troupes. Les Saxons se retirèrent bientôt devant nos étendards. Les bataillons de Charlemagne les atteignent, pressent leur fuite, reprennent Stadtberg et les poursuivent jusqu'au Weser. Là, Witikind rallie tous ses guerriers, pour disputer le passage aux lieux mêmes où jadis les légions de Varus avaient été exterminées. Les Saxons combattaient avec la hache et la lance, sans autre armure défensive qu'un bouclier d'osier, sans autre cuirasse qu'une peau de loup ou de sanglier; les chefs à peine avaient des hauberts enlevés dans les combats. Les soldats de Charlemagne, au contraire, étaient solidement armés et combattaient avec une grande discipline. Cependant la bataille fut longue et sanglante; et ce ne fut qu'après avoir laissé aux bords du Weser des monceaux de morts que l'armée de Witikind se décida à le passer dans une multitude de barques. Le roi des Francs, qui voulait terminer la guerre, les suivit, la hache et l'épée dans les reins, au delà du fleuve. Comme il prévoyait tout, et qu'il craignait qu'on ne lui coupât la retraite, il fit garder son camp par une partie de ses troupes. Sa prudence le sauva. Pendant que Charles s'enfonçait dans le pays à la poursuite des vaincus, une autre armée de Saxons, sortant des forêts, vint fondre pendant la nuit sur le camp des Francs, y mit le feu, et massacra les premières lignes. Les généraux de Charlemagne, ayant fait prendre les armes à tous leurs soldats, en formèrent aussitôt un bataillon compact, qui de tous côtés fit face à la nuée de barbares. Il leur fallut combattre jusqu'au jour, contre des ennemis indomptables, cernés de toutes parts, perdant à chaque instant des braves et ne s'attendant plus qu'à une mort glorieuse, quand Charlemagne, vainqueur sur tous les points, reparut et mit en déroute les agresseurs du camp.

Les Saxons, découragés de nouveau par de si sanglantes défaites, demandèrent la paix. L'armée des Francs la refusait; mais, dans le fond de la Germanie, des courriers vinrent apprendre au roi que la Lombardie se révoltait de nouveau. Charles reçut les otages et les serments des tribus saxonnes; Witikind, qui ne voulait pas se soumettre, s'était retiré dans les forêts profondes de la Westphalie; et les Francs reprirent la route des Alpes.

Charlemagne avait reçu à Milan la couronne de fer, lorsqu'on l'avait reconnu roi des Lombards. Mais il avait cru vainement s'attacher ces peuples, en les traitant avec une douceur extrême. Peu de temps après son départ, Adalgise, fils de Didier, reparut; plusieurs seigneurs, comptant sur l'appui de l'empereur d'Orient, se révoltèrent; Rome seule resta fidèle; et ce fut par les envoyés du pape Adrien que Charlemagne fut instruit de la ligue qui se formait entre les Lombards et les Grecs. Cette ligue n'avait encore rien produit, lorsqu'il tomba comme la foudre de l'autre côté des Alpes. Ratgald, duc de Frioul, le plus remarquable des rebelles, fut pris; on le jugea et il eut la tête tranchée. Tout aussitôt rentra dans le devoir. Les ducs lombards qui avaient faussé leurs serments furent remplacés par les leudes de Charlemagne, à l'exception des ducs de Bénevent et de Spolette, qui étaient restés fidèles, quoique le premier, Arigise, fût gendre de Didier. L'Italie entière fut soumise avec la rapidité d'une marche ; tout y reconnut le sceptre du fils de Peppin-le-Bref ; et Charlemagne repassa en Saxe, où, par une nouvelle victoire, il assura une paix de quelque durée.

Ce qu'on aura peine à croire, c'est que ces deux campagnes furent terminées en deux mois du printemps de 776. On hésiterait sur de tels prodiges, s'ils n'étaient attestés par tous les annalistes contemporains.

RONCEVAUX

CHARLEMAGNE, ayant passé l'hiver suivant dans son palais de Herstal, convoqua le champ de mai à Paderborn. Tous les chefs saxons y vinrent, à l'exception de Witikind, retiré alors dans la Scandinavie. A cette assemblée, il arriva du Midi un émir sarasin qui, voulant secouer le joug du roi mahométan de Cordoue, se reconnaissait vassal de Charlemagne et lui offrait de l'aider à soumettre une partie de l'Espagne. Le monarque se rappela les invasions des Sarasins, que son aïeul Charles-Martel n'avait pu exterminer qu'après le ravage de tout le midi de la France. L'occasion lui sembla favorable. Il laissa une armée sur les frontières de la Saxe, vola en Aquitaine, y leva des troupes et pénétra en Espagne.

Les Maures s'enfuirent bientôt devant lui ; il prit Pampelune, Saragosse, Barcelonne ; il soumit tout le pays situé entre les Pyrénées et l'Ebre. Dans cette brillante expédition, il avait autour de lui une partie de ces preux qu'on a appelés les douze pairs de Charlemagne, et que les romans de chevalerie ont célébrés avec tant d'éclat, Roland, Olivier, Renaud, Aymon et ses quatre fils, nés dans le Luxembourg, Thierry d'Ardennes et d'autres braves non moins fameux. Il rentrait en Aquitaine avec beaucoup d'otages et un riche butin. Il avait laissé son arrière-garde sous la conduite de Roland, son neveu, commandant militaire des frontières de la Bretagne. Là un revers cruel vint troubler le triomphe de Charlemagne. Ses ennemis n'avaient pu le vaincre ; des traîtres lui firent subir plus qu'une défaite.

Comme la nombreuse arrière-garde traversait les Pyrénées, lorsqu'elle entra dans la vallée de Roncevaux, elle s'aperçut tout à coup que les gorges des défilés étaient gardées de toutes parts, et toutes les montagnes couvertes de soldats qui faisaient rouler sur les nôtres des quartiers de rochers. Ce fut bientôt un horrible champ de mort. Les soldats que commandait l'intrépide Roland gravissaient les rochers pour atteindre l'ennemi. L'ennemi fit la moitié du chemin. Une bataille sanglante se livra tout le jour ; car aucun des guerriers de Charlemagne ne voulut se rendre. En vain, disent les vieilles traditions, le neveu du roi, le brave Roland, fit retentir les sons puissants de son cor pour demander secours ; Charlemagne ne l'entendit point. Roland, dont la force surnaturelle et le courage merveilleux ont été chantés par toute la terre, le brave Roland, de qui la chanson guerrière a si longtemps guidé nos soldats, combattit et mourut dans la vallée de Roncevaux ; aucun de ceux qui le suivaient ne survécut pour apporter la nouvelle de ce carnage [1].

[1] Rolandum, Ruthlandum in Eginharto, Caroli ex sorore nepotem,

Les traîtres se dispersèrent après cette action. Mais Charles, qui se réjouissait de s'être fait des vassaux en Espagne (ils restèrent fidèles), et d'avoir affranchi les chrétiens de ce pays de tout tribut envers les Musulmans, apprit bientôt la perte qu'il venait de faire. Il découvrit le chef de cette trahison, c'était Loup, duc des Gascons. L'infâme fut arrête, jugé et pendu ; et les Bretons, qui s'étaient révoltés en l'absence de Roland, battus et soumis.

præstantem fortitudine virum, post ingentem hostium editam cædem eo prœlio interiisse. Hic est Rolandus quem fama est, tempestate sua, corporis robore et animi magnitudine longe cæteris aliis præstitisse ; cujus fortia facta per universum orbem jam clara nostris quoque temporibus celebrantur. Donatii Acciaioli vita Caroli Magni.

GUERRE DE SAXE

Après avoir placé des leudes dont il était sûr dans les commandements du Midi, Charlemagne revint sur le Rhin, où Witikind avait rassemblé une nouvelle armée, qui ravageait la rive gauche du fleuve. Tout à coup quatre colonnes des Francs, marchant en avant du roi, tombèrent sur les Saxons. Ils étaient si nombreux, qu'il fallut plusieurs combats opiniâtres pour les refouler dans leur pays ; ils étaient commandés par le plus redoutable adversaire de Charlemagne. Cependant la tactique habile de nos chefs contraignit les Saxons à concentrer toutes leurs forces en un seul point, à Bucholt sur les bords de la Lippe. Notre armée se présenta aussitôt, et Witikind lui livra bataille. C'était la fureur et la constance contre la vaillance et le génie. La mêlée fut longue et horrible. Mais Witikind fut vaincu de nouveau, ses troupes dispersées ou taillées en pièces, et lui-même obligé de se retirer encore dans la Scandinavie.

Cette victoire avait coûté tant de sang, que nos armées, irritées, dévastèrent toute la Saxe. Elles la parcoururent dans tous les sens[1], châtiant, punissant, et ne cherchant plus à rétablir le repos que par la terreur. Charlemagne anéantit tous les monuments du culte idolâtre. La colonne d'Hermann[2], fut abattue de nouveau et enterrée dans un lieu secret. Le roi ordonna le baptême aux Saxons, non plus avec des missionnaires aux paroles consolantes, mais avec des bataillons armés. Il promulgua des capitulaires qui punissaient de mort tout délit contre sa suzeraineté ou contre la foi. Ayant poussé les triomphes de ses armes jusque de l'autre côté de l'Elbe et soumis les Slaves qui remuaient, il ne rentra dans nos contrées, où il avait coutume de passer l'hiver[3], qu'après avoir établi dans la Westphalie et dans la Saxe le fameux tribunal secret.

Ce tribunal terrible, qu'on a appelé aussi la cour Vehmique, jugeait et condamnait les prévenus sans les entendre. Il avait partout des agens secrets; et celui qui devenait coupable était condamné avant de savoir même qu'on l'eût mis en cause. Tout franc-juge ou membre du tribunal secret devait lui-même exécuter les sentences.

Cependant n'imitons pas la plupart des historiens, qui oublient de dire qu'à côté de ces rigueurs une loi permettait à tout Saxon condamné à mort, pour délit politique ou religieux, d'aller s'établir avec sa famille et ses biens dans

---

[1] Velut ingens tempestas. Regino.

[2] Hermann-Sœule, dont on a fait Irmensul, colonne d'Hermann.

[3] Heristallium villam in qua hyemare constituerat. Adelmi sive Ademari annales, 778.

une autre contrée des États de Charlemagne [1]. Ainsi ces lois en apparence si formidables, ce tribunal qui dans la suite devint si effrayant, sous Charlemagne se réduisaient à l'exil.

On a traité sévèrement dans l'histoire cette campagne, qui dura de 778 à 780; ajoutons qu'avant de recourir à de si grandes rigueurs, le prince, à qui Eginhart dit que jamais personne n'a rien pu reprocher de cruel, avait tout épuisé pour donner la paix à des hommes qui n'avaient leur plaisir que dans le sang, leurs richesses que dans le pillage, et qui honoraient leurs dieux avec des victimes humaines.

Pour oublier un moment cette triste guerre, Charles, au printemps de 781, partit pour l'Italie, où il sentait que sa présence devenait nécessaire. Witikind même l'obligeait à ce voyage, car de toutes parts cet homme habile lui suscitait de nouveaux ennemis. Charles fit couronner à Rome deux de ses fils encore enfants; Peppin fut proclamé roi d'Italie; Louis fut sacré roi d'Aquitaine.

Sur ces entrefaites, l'impératrice d'Orient, Irène, rechercha l'alliance de Charlemagne et lui fit demander pour son fils Constantin la main de Rotrude sa fille. Cette ambassade, qui mettait fin aux intrigues de l'empire contre nos conquêtes d'Italie, fut agréable à Charlemagne; et l'eunuque Elysée vint chez nous pour apprendre le grec à la jeune princesse. C'est aussi de ce voyage en Italie que Charles ramena avec lui des savants : Pierre de Pise, qui lui apprit la grammaire; Alcuin, qui lui enseigna la rhétorique et les sciences; Théodulphe, qui fut son maître en poésie et en

[1] Capitul. Saxon, ann. 797. Cap. 10.

musique. Il avait déjà depuis longtemps pour secrétaire Eginhart ou Eynhart, jeune savant né dans nos provinces, et qui a écrit l'histoire de son maître. Charles lui-même devint dans les sciences, comme il l'était déjà dans la guerre, le premier homme de son siècle. Il fonda des académies et des écoles; il voulait, comme dit Alcuin, faire de sa cour une Athènes chrétienne. Il examinait lui-même les jeunes élèves. Il promettait à ceux qui se distinguaient des évêchés et d'autres bénéfices. Un jour, ayant trouvé plus de progrès dans des enfants plébéiens que dans les fils des leudes, il accorda toutes ses distinctions aux premiers, et dit aux autres: « Pour vous, je vois que vous comptez sur le mérite de vos aïeux. Mais apprenez qu'ils ont reçu leur récompense, et que l'État ne doit rien qu'à ceux qui se rendent capables de le servir et de l'honorer par leurs talents. »

Il lut Vitruve, voulant tout savoir; et ce fut lui qui un peu plus tard traça le plan de la basilique d'Aix-la-Chapelle.

Charlemagne passa dans le pays où il était né tout l'hiver de 782, étudiant ou faisant des lois, lorsqu'il ne combattait pas, et ne restant jamais inactif. Paris, Soissons et les autres villes que les Mérovingiens avaient habitées ne lui présentaient rien des charmes de Herstal ou de Jupille, où il se voyait entouré de ses leudes les plus dévoués.

Au printemps suivant, il convoqua le champ de mai sur la Lippe, désirant se montrer en armes au milieu des Saxons. Ces peuples étaient effrayants par leur nombre. Chez eux, avec leur système d'égalité, tout le monde était soldat, tandis que parmi nous les hommes libres seuls avaient droit de combattre. La guerre, la vie monastique, les révoltes diminuaient tous les jours le nombre de nos hommes libres ; les serfs, au contraire, se multipliaient ; et, pour n'en citer qu'un exemple, le précepteur de Charlemagne, Alcuin, en avait vingt mille dans ses domaines. Les ambassadeurs des Huns, des Abares, ceux de Sigefrid, roi des Danois, et tous les chefs saxons, à l'exception de Witikind, se rendirent au camp de la Lippe. Pour consolider la paix dans la Saxe, Charles y supprima les mesures exceptionnelles, soumit le pays aux mêmes lois que l'Austrasie, avec des comtes, des juges, des évêques. Mais, par une disposition spéciale, il se réserva le droit de disposer de toutes les successions collatérales, espérant par là se faire des partisans de ceux à qui il les accorderait. Son attente fut trompée ; cette mesure parut tyrannique. Aussitôt qu'il eut repassé le Rhin et qu'on le sut éloigné, les Saxons se rassemblèrent en murmurant. Bientôt ils rappelèrent Witikind, qui accourut avec une armée de Slaves, et qui se renforça d'une solide alliance avec Wnyslas duc des Bohémiens. La Saxe fut soulevée en un instant et la Thuringe livrée au pillage. C'était le début ordinaire des hostilités.

Charlemagne, informé de ces nouveaux désastres, fit partir aussitôt deux armées ; l'une, composée de Francs et de Saxons soumis, commandée par le comte du palais Vorade, par le connétable Geil et par le grand-chambellan Adelgise, devait attaquer les Slaves, et, après les avoir battus, rejoindre l'autre corps, qui marchait contre Witikind, sous les ordres du comte Theuderic, seigneur austrasien, ami de Charlemagne.

Les trois généraux mirent en fuite les Slaves et conçurent quelque vanité de ce succès. Ils se dirigèrent aussitôt du côté des Saxons. Theuderic, qui était un homme prudent, examinait les mouvements de Witikind, et s'était campé avec précaution sur le versant méridional du Sinthal, haute colline près du Weser, dont les Saxons et les Bohémiens occupaient le nord. Les trois chefs vainqueurs des Slaves, raillant la sagesse de Theuderic, tinrent conseil entre eux. Ils s'accordèrent à ne lui pas laisser l'honneur de battre Witikind ; fiers d'avance d'une victoire qu'ils croyaient assurée, oubliant les ordres de Charlemagne, ils marchèrent en avant. Witikind les observait ; il les attira dans une petite plaine, entourée de forêts où il avait caché ses nombreux bataillons. Là, les Saxons auxiliaires, qui étaient sous les ordres des trois chefs, et qui devaient combattre Wnyslas et l'armée de Bohême, firent volte-face tout d'un coup et rejoignirent Witikind. Cette trahison subite ne fit que rendre les nôtres plus ardents ; malgré leur infériorité, ils attaquèrent avec furie le centre de l'ennemi qui simulait une fuite. Mais aussitôt le général saxon les tourne, les enveloppe, et fait sonner à grand bruit la charge générale.

Pris de tous les côtés, les trois généraux, reconnaissant trop tard leur témérité, se défendirent avec une vaillance extrême. Leur armée fut massacrée ; presque tous périrent ; Adeloise et Geil furent tués, ainsi que quatre comtes, vingt capitaines, et les neuf dixièmes des soldats, qui aimèrent mieux mourir que de se rendre. Quelques-uns s'échappèrent et portèrent à Theuderic la nouvelle de ce grand désastre. Le sage guerrier, ne voulant pas risquer une lutte inégale, fit sa retraite jusqu'au Rhin, en si bon ordre, que Witikind n'osa l'attaquer.

Charlemagne avait appelé de nouvelles troupes. Sentant qu'il n'y avait pas un instant à perdre, il rentra dans la Saxe avec Theuderic. Les chefs saxons tremblèrent, dès qu'on leur annonça la présence de Charlemagne ; rejetant tout sur Witikind, qui s'était retiré dans le nord de la Germanie, ils vinrent présenter des excuses, que Charlemagne ne voulut pas recevoir. Il lui fallait le prix du sang de ses braves massacrés. Il demanda tous les auteurs de la défection. On les lui amena sur les rives de l'Alre, l'une des rivières qui se jettent dans le Weser. Ils étaient au nombre de quatre mille cinq cents ; tous furent mis à mort le même jour [1].

Cette exécution formidable, que les historiens ont eu soin de noircir encore, sans remarquer qu'elle était la punition sévère d'une félonie, rendit aux Saxons l'énergie du désespoir. Tout s'arma de nouveau, jusqu'aux enfants et aux vieillards. Witikind, que rien ne décourageait, retrouvait dans son éloquence le moyen de lever sans cesse de nouvelles troupes. Il revint avec Alboin, un autre chef ardent et brave. Au printemps de l'année 783, Charlemagne partit donc en personne à la tête des siens. Il marche à l'ennemi, au lieu de l'attendre. Il le joint à Dethmold, six lieues

[1] Omnes una die decollati sunt. Adelm. ann. 782.

au-dessus de Paderborn ; il l'attaque, malgré la supériorité du nombre. L'opiniâtreté de Witikind, qui revint trois fois à la charge, l'ardeur d'Alboin, la fureur des Saxons, rendirent cette journée sanglante. Ce ne fut qu'après des efforts inouïs qu'ils reculèrent, laissant la victoire à Charlemagne, mais ne se soumettant pas, car ils redoutaient le vainqueur. Ils se rallièrent à Osnabruck, pendant que les nôtres se retiraient à Paderborn pour réparer leurs pertes qui avaient été considérables.

Le nord de la France ayant rapidement fourni un nouveau contingent d'armes et de guerriers, Charles s'élança sur Osnabruck ; et, là, il fit subir aux Saxons une défaite si générale, que les trois quarts de leur armée restèrent sur le champ de bataille ; un dixième à peine put fuir ; le reste fut emmené en servitude ; la Saxe fut dévastée jusqu'à l'Elbe ; et, pourtant, Charlemagne vit bien qu'elle n'était pas encore décidée au joug : il vint passer l'hiver à son palais de Herstal, décidé à reprendre l'épée au printemps.

Au commencement de l'année 784, il envoya dans la Saxe une armée, sous le commandement de Charles, son fils aîné, qui n'avait que douze ans. Cette armée aussi fut victorieuse. Alors Witikind et Alboin, découragés des grandes batailles par tant de revers, résolurent de changer leur système de guerre. Ils abandonnèrent les plaines ; ils se postèrent en petits corps sur les montagnes, dans les ravins, dans les forêts, firent la guerre de partisans, harcelèrent l'ennemi sans se laisser atteindre et lassèrent bientôt les guerriers de Charlemagne, qui, à son tour adoptant un autre plan de conduite en 785, offrit aux Saxons une paix solide et son alliance.

Ils l'acceptèrent; Witikind et Alboin se rendirent avec confiance au champ de mai, que Charles convoqua au bourg d'Attigny dans les Ardennes; ils reçurent le baptême; et, sous le nom de duc d'Angrie, Witikind devint un des fidèles de Charlemagne.

Vers ce temps-là, le roi découvrit une vaste conspiration formée contre sa personne dans la Thuringe. La plupart des seigneurs de ce pays, las des guerres de Saxe qui les écrasaient, avaient résolu de tuer Charlemagne pour mettre un terme à tant de combats. Le danger ne menaçant que lui, Charles attendit l'année suivante. Alors il entra en armes dans la Thuringe, fit arrêter tous les conjurés; ils parurent devant l'assemblée de la nation et furent condamnés à la mort. Le roi fit grâce entière au plus grand nombre, en exila quelques-uns, et ne châtia que leur chef, le comte Hastrade, qui eut les yeux crevés.

Bientôt l'alliance convenue avec l'impératrice Irène se rompit. Une ligue nouvelle se forma entre l'empire grec et les Lombards; le duc de Bénévent, le duc de Bavière Tassillon et le duc de Bohême entrèrent secrètement dans cette coalition. En même temps les ducs et comtes bretons se révoltèrent. Charles commença par envoyer une armée dans la Bretagne, qui fut rapidement soumise. Puis il passa en Italie, où sa présence dissipa la ligue, mais pour un instant. La flotte grecque ayant débarqué dans la Calabre menaçait les conquêtes de Charles. Peppin, roi d'Italie, marcha avec une armée que commandait Vinegise, l'un de nos plus habiles généraux; les Grecs, après un long combat, furent vaincus et contraints à se rembarquer. Adalgise, fils de Didier, qui se trouvait avec eux, disparut dans cette journée.

Pendant ce temps-là, Tassillon, qui comptait sur d'autres succès en Italie, s'était allié encore avec les Saxons et les Huns, pour envahir la France, en l'absence de Charlemagne. Contre son attente, le roi, qui semblait avoir deviné ses projets, reparut tout à coup dans l'Austrasie. Il convoqua le champ de mai de 788 à Ingelheim. Tassillon, qui n'était pas prêt, s'y rendit en hésitant. Dès qu'il parut, il fut arrêté, enfermé dans un monastère; et la Bavière partagée en petites principautés fut réunie aux États de Charlemagne. Alors, par ses ordres, Peppin fit la conquête de l'Istrie; Charles sentait qu'il fallait se rapprocher des Huns pour les combattre. Il marcha ensuite de l'autre côté de l'Elbe contre les Welches, tribu slave qui avait insulté ses alliés, les soumit, réduisit la Bohême, et poussa son empire jusqu'à la mer Baltique. Puis il revint passer l'hiver à Herstal.

Il apprit là que des hordes d'hommes du Nord, Saxons, Huns, Danois, Scandinaves, ne pouvant plus piller impunément les contrées qu'il protégeait, s'étaient embarquées et attaquaient l'Écosse. Il envoya quatre mille hommes au secours des Écossais. Sachant d'un autre côté que les chrétiens de Jérusalem gémissaient sous une cruelle oppres-

Soldat hun.

sion, il leur envoya quelques leudes chargés de présents, et il député Lanfrid et Sigismond en ambassade vers le calife Haroun-al-Reschild, qui régnait sur l'Asie. Haroun admirait Charlemagne ; il adoucit à sa demande le sort des Chrétiens ; il mit le Saint-Sépulcre sous la protection du prince franc ; il lui en envoya les clés ; et plus tard il lui députa lui-même à Aix-la-Chapelle une ambassade pompeuse qui, entre autres présents magnifiques, offrit à notre roi une horloge, la première qui soit venue dans nos contrées, des vêtements de soie, des éléphants, des parfums et une tente de guerre dont les chroniqueurs ont vanté à l'excès la splendeur orientale.

Charles passa l'année 789 en préparatifs contre les Huns. Ces peuples belliqueux étaient divisés en sept nations nombreuses. Ils vivaient à la manière des Scythes, comme au temps d'Attila, et conservaient encore dans leurs retraites sauvages les richesses immenses pillées par ce roi fameux, leur ancien chef. Au printemps de l'année 790, Peppin eut l'ordre de s'avancer par le Tyrol ; les Belges, les Frisons, les Thuringiens et les Saxons, commandés par Theuderic et Magenfred, se dirigèrent par la Bohême ; une troisième armée, à la tête de laquelle était Charlemagne, côtoyait le Danube, chargé d'une vaste flotte qui portait les subsistances. Le jeune roi d'Aquitaine marchait avec les siens auprès de son père. Jamais on n'avait vu tant de troupes en campagne.

Les Huns, Hongrois ou Oïgours [1] occupaient, comme on l'a

---

[1] C'est de ce mot qu'on a fait les Ogres, reflet de la terreur que les Huns inspiraient.

dit, la plus grande partie des pays qu'on appelle aujourd'hui la Hongrie et l'Autriche. Les Francs commencèrent par l'incendie et la dévastation. Ils avaient épouvanté leurs ennemis, lorsqu'un fléau vint les arrêter; une maladie épidémique, qui fit périr tous les chevaux, obligea Charlemagne à se retirer sur Ratisbonne, où il passa l'hiver.

Dans cette ville, un nouvelle conspiration, à la tête de laquelle était Peppin-le-Bossu, fils naturel de Charlemagne, se trama contre ses jours ; elle fut découverte par un prêtre lombard et Peppin enfermé dans l'abbaye de Prum au pays de Trèves. Tout en déjouant les intrigues des conjurés, Charles faisait commencer, pour occuper son armée, un canal large de trois cents pieds, qui devait joindre le Rhin au Danube et unir ainsi la navigation de l'Océan à celle du Pont-Euxin. Des rébellions de Lombards l'empêchèrent d'achever cette grande entreprise et de reprendre immédiatement la guerre des Huns. Les Sarasins venaient aussi de franchir encore les Pyrénées ; ils avaient vaincu le duc de Toulouse et ravagé le Languedoc. Il fallut que le jeune roi d'Aquitaine volât au secours de ses États ; et tandis qu'uni au roi de Léon Alphonse-le-Chaste, il délivrait le Midi par une victoire, les Saxons, malgré les efforts de Witikind, se séparèrent de Charlemagne et se révoltèrent. Vaincus encore, leur pays fut écrasé de nouveau ; le tiers des habitants transporté dans les Flandres et la Picardie[1]. Gaillard, dans son *Histoire de Charlemagne,* dit que cette transplantation fut faite par l'armée victorieuse. Mais il se trompe quand il

Annales de Fulde, année 794.

ajoute que le déplacement des Saxons fut général. « De » cette gent, dit la chronique de Saint-Denis, sont nés et » extraits les Brabançons et les Flamands, qui ont encore » la même langue. » Il eût été plus convenable de dire que cette gent se mêla aux Brabançons et aux Flamands, qui civilisèrent un peu les Saxons. Meyer rapporte, sur la foi d'un vieil historien [1], que Charlemagne transplanta les Saxons les plus distingués, avec leurs familles, sur les côtes belgiques de l'Océan, dont Lyderic II était préfet maritime.

Cela n'empêcha pas un autre soulèvement, qui eut lieu en 795, et à la suite duquel trente mille Saxons furent passés au fil de l'épée. Ces hommes indomptables se figuraient, dans leurs croyances superstitieuses, que tous ceux qui mouraient en combattant allaient immédiatement dans le ciel; et, quoique les massacres qu'on en fit nous semblent effroyables, peut-être les trouvera-t-on dignes d'une sorte d'excuse, en considérant qu'il fallait les exterminer ou être exterminés par eux. Ils violaient tous leurs serments; ils brisaient toute espèce de paix; ils pendaient les ambassadeurs. Si on leur envoyait des missionnaires doux et paisibles, pour les éclairer, ils les tuaient sans les entendre. Il est facile aujourd'hui de juger à froid Charlemagne et de le condamner. S'il eût été cruel, ne l'eût-il été que contre les Saxons?

Au commencement de l'année 796, tandis que Charlemagne achevait de bâtir son palais d'Aix-la-Chapelle, à quelques lieues de Jupille, lieu de sa naissance, *in genitali*

[1] Paul Émile, de Vérone.

solo.[1], ses généraux, sous les ordres de son fils Peppin, retournèrent à la guerre des Huns ; profitant des divisions qui s'étaient élevées parmi ces peuples, notre armée pénétra dans leur pays, le ravagea par la flamme et l'épée, et s'empara des énormes trésors d'Attila. Une partie en fut envoyée à Charlemagne ; le reste, partagé aux guerriers, était si considérable, que, selon le récit d'Éginhart, chaque soldat en revint opulent. Le roi voulut que les vainqueurs inaugurassent sa nouvelle ville par un triomphe. Peppin fit donc son entrée dans Aix-la-Chapelle, avec ses braves. Chaque soldat marchait, décoré des joyaux, de la pourpre et des riches vêtements de princes qui avaient été trouvés dans le trésor de dépouilles laissé par Attila.

Les Huns étaient vaincus et les Saxons presque anéantis ; Charlemagne, ne voulant pas que la Saxe et la Hongrie demeurassent des déserts, colonisa ces pays par des serfs dont il adoucit la condition, et qui repeuplèrent promptement ces contrées. Tant de succès lui amenèrent une nouvelle ambassade de paix de l'impératrice Irène, des présents du roi Alphonse-le-Chaste, et d'autres députations de rois.

En 799, il pacifia le Danemark, que les Slaves attaquaient ; il subjugua les débris des Huns, qui osaient se relever. Et, pendant qu'il était enfoncé de l'autre côté de l'Elbe, il apprit avec effroi que des Saxons et des Scandinaves, montés sur de légers vaisseaux, ravageaient les côtes de la Flandre. Il vit là le début sinistre des invasions des hommes du Nord,

---

Le moine de Saint-Gall, dans la grande collection de Bouquet, tome V, page 118.

qu'on appela dès lors les Normands; car on ne pouvait plus préciser leur nation. Il courut à Gand et à Boulogne où il fit construire des flottes. Il éleva des forts et mit des détachements sur les rivages. Puis il partit pour Rome, où le nouveau pape avait besoin de son appui.

L'EMPIRE D'OCCIDENT

> Quoi ! pour titre César et pour nom Charlemagne !
> Victor Hugo.

Le pape Léon III, successeur d'Adrien, venait d'être insulté par le peuple de Rome, que des factions agitaient ; des germes de troubles fermentaient en Lombardie. L'Italie redevint calme, lorsqu'on apprit que le 24 novembre de l'an 800, Charlemagne était entré pour la troisième fois dans Rome, aux acclamations universelles. Il se vit fêté dans toutes les langues par des hommes de toutes les nations ; car Rome alors était peuplée de Grecs, de Francs, de Gaulois et de Lombards, de Goths et de Huns, d'Africains et d'Allemands, tous mêlés aux Romains dégénérés. Le roi passa un mois à réparer les griefs, à consolider la paix, ne se doutant pas, dit-on, d'une surprise digne de lui, que lui préparait Léon III.

Le prince franc était allé avec sa cour entendre la messe, le jour de Noël, à la basilique de Saint-Pierre. Le Pape l'avait instamment prié d'y paraître en habit de patrice romain. Un clergé éclatant, une foule inouïe emplissaient l'église parfumée d'encens. Au moment où Charles se mit à genoux devant l'autel, le Souverain-Pontife, s'avançant à lui, posa sur sa tête une somptueuse couronne. Aussitôt le temple retentit de ces cris : Vive Charles, toujours auguste! empereur des Romains! couronné de Dieu! qu'il soit victorieux à jamais!

Charlemagne, étonné, résiste. Il refuse le noble titre que lui décerne le prince de l'Eglise. Mais de toutes parts on le presse; ses courtisans paraissent ravis; une draperie tombe; elle découvre le trône impérial dans toute sa magnificence; les leudes et les évêques y conduisent Charles; le Souverain-Pontife verse sur sa tête l'huile qui consacre les empereurs; la pourpre couvre ses épaules; tout ce qui l'entoure lui rend hommage à genoux, et de nouvelles acclamations l'empêchent longtemps de parler. En même temps une image de Charles exposée en public reçoit les respects et les saluts du peuple.

Éginhart nous assure (on ne le croira sans doute pas) que Charlemagne n'avait point songé à cette illustration; et que, s'il l'eût prévue, il l'eût évitée. Cependant il la méritait. Il l'accepta; il jura de prendre la sainte Église Romaine sous la protection de son sceptre impérial; il se rappela sans doute aussi qu'il accomplissait un des projets de son aïeul Charles-Martel, qui lui-même, s'il eût vécu quelques années de plus, eût rétabli l'empire d'Occident.

Ce titre d'empereur que Léon III venait de conférer à Charlemagne était encore si imposant dans les souvenirs des peuples, qu'il rehaussa l'autorité du prince et rendit ses leudes plus respectueux et plus soumis. Charlemagne ne profita de cet accroissement de pouvoir que pour établir plus solidement ses lois. S'appuyant sur le consentement de tous, il multiplia les assemblées nationales; car il ne voulait rien que d'accord avec tous les ordres de l'État.

Après avoir, dans un séjour de six mois, rétabli la sécurité en Italie, Charlemagne s'en revint; il reparut à Aix-la-Chapelle avec le titre d'empereur d'Occident; il consentit, dans les cérémonies publiques, à s'entourer de pompe et de splendeur. L'impératrice Irène, se soutenant mal sur le trône de Constantinople, n'eut pas plus tôt appris ce qui venait d'avoir lieu à Rome, que, formant le projet de réunir sous un même sceptre l'empire d'Orient et l'empire d'Occident, elle fit proposer à Charlemagne de l'épouser. Peut-être cette combinaison brillante, approuvée par le Pape, eût-elle réussi, quoique Charlemagne eût alors cinquante-huit ans et que la belle Irène ne fût pas beaucoup plus jeune; mais les Grecs s'en irritèrent; ils déposèrent l'impératrice et l'envoyèrent en exil, insultèrent l'ambassadeur de Charles; puis ils élurent Nicéphore à la place d'Irène.

Charlemagne, si économe dans sa vie privée, savait, quand il le fallait, déployer de l'éclat. A cause de l'insulte faite à l'évêque Hetton, ambassadeur de Charles, Nicéphore qui craignait de s'attirer un ennemi puissant, envoya en 803 des députés chargés de présents, pour le nouvel empereur. Les seigneurs grecs, après de longues courses, joignirent Charlemagne dans son palais de Selz. On les fit passer par quatre grandes salles magnifiquement parées, où se trouvaient les hauts officiers de la maison du prince, tous richement vêtus, entourés de seigneurs et de gardes. Dès la première pièce où était le connétable assis sur un trône, les ambassadeurs se mirent en devoir de se prosterner. On leur dit que ce n'était là qu'un officier de l'empereur. La seconde salle où se trouvait le comte du palais, avec une cour plus brillante encore, causa la même erreur. La troisième salle où siégeait le maître de la table de l'empereur, et la quatrième occupée par le grand chambellan, donnèrent lieu à de nouvelles méprises. La magnificence augmentait à chaque pas. Enfin deux seigneurs de la cour vinrent prendre les ambassadeurs et les introduisirent devant Charlemagne. Il était tout éclatant d'or et de pierreries, sur un trône étincelant; les rois ses enfants, les princesses ses filles, les ducs, les comtes, les prélats, les grands officiers l'entouraient. Il avait la main appuyée sur l'épaule de l'évêque Hetton. Les envoyés, éblouis, se prosternèrent; Charles les releva :

— Le prélat vous pardonne, dit-il ; à sa prière moi-même je veux bien oublier tout.

Et le traité d'alliance se signa. Ce traité portait que Charlemagne et Nicéphore avaient des droits égaux au titre d'Auguste; que le premier s'appellerait empereur d'Occident et le second empereur d'Orient [1].

A propos de cette magnificence, nous rappellerons aussi qu'un autre jour les ambassadeurs du calife Haroun, assis-

[1] Le moine de Saint-Gall.

tant à une grande fête donnée par Charlemagne, virent arriver au palais tous les évêques et tout le clergé en procession avec une pompe éblouissante, puis tous les chefs et tous les officiers de l'armée resplendissants des magnifiques dépouilles trouvées dans les trésors d'Attila. — Jusqu'ici, dirent les seigneurs musulmans, nous n'avions rencontré que des hommes d'argile ; mais autour de Charlemagne on voit des hommes d'or.

Dans l'automne de l'année 804, le pape Léon III vint visiter l'empereur à Aix-la-Chapelle; on prétend qu'ils parcoururent ensemble l'Austrasie, qu'ils s'arrêtèrent à Bruxelles, et que le Souverain-Pontife y bénit plusieurs églises.

Après trois années de paix, la Bohème s'était soulevée en cette même année 804 ; elle fut soumise par le fils aîné de Charlemagne. Les Sarasins, redoutables aussi sur la mer, firent du ravage en Corse et en Sardaigne ; Bouchard, l'un des amiraux de l'empereur, leur prit treize vaisseaux, et les battit sur la Méditerranée, pendant que Louis, roi d'Aquitaine, les dispersait en Espagne. Les Saxons reprirent aussi les armes. Ils furent vaincus de nouveau ; et dix mille d'entre eux transplantés encore dans la Flandre. Ils s'y montrèrent si turbulents, qu'on disait, cinq cents ans après, que Charles en mêlant les Saxons aux Flamands *d'un diable en avait fait deux.* Eginhart fixe à cette dernière victoire le terme des guerres de Saxe. En 805, le roi d'Italie eut une guerre avec les Vénitiens ; elle n'offre rien de remarquable. Cependant des chroniques disent que Peppin soumit Venise [1]. En 808, Eardulf, roi du Northumberland, chassé de ses Etats, vint trouver Charles, qui le fit reconduire par quelques ambassadeurs; ce qui suffit pour lui rendre son trône.

En 809, une invasion de Normands, sous la conduite de Godefrid, roi de Danemark, désola les côtes de la Frise. Ayant remporté trois victoires, Godefrid mit tout à feu et à sang, s'avança sur l'Escaut jusqu'à la Flandre, sur le Rhin jusqu'à la Moselle. Il avait une armée nombreuse portée sur deux cents petits bâtiments. Il disait qu'il ne voulait se mesurer qu'avec l'empereur. Charles se hâta de rassembler des forces. Il vit bientôt l'ennemi reculer devant lui. Il le joignit à l'endroit où l'Alre se jette dans le Weser [2]. Mais là, dès qu'on apprit que Charlemagne arrivait en personne, la terreur s'empara des Normands; tout leur camp se mit en désordre; l'autorité des chefs fut méconnue; Godefrid fut assassiné dans cette sédition; les barbares, éperdus, se rembarquèrent et disparurent.

Un récit du moine de Saint-Gall peut donner une idée de l'effroi que Charlemagne imprimait à ses ennemis. Ils savaient qu'il n'avait jamais été vaincu en personne. « Une fois, dit l'historien que nous venons de citer, le vieux monarque, qui était toujours en courses, arriva subitement dans une ville maritime de la Gaule narbonnaise; nul ne savait encore sa présence; et il était à table, lorsqu'une petite flotte de Normands entra dans le port. En voyant les

[1] Venetiam bello subegit. Harœus.
[2] Annales de Fulde, année 810.

vaisseaux étrangers, tout le monde se demandait d'où ils pouvaient venir, car on les prenait pour des navires de commerce. L'empereur seul, à leur carène allongée, à la hauteur de leurs mâts, à leurs voiles triangulaires découpées comme 1 ailes d'un vautour, reconnut les corsaires du Nord. — Ces vaisseaux que vous voyez, dit-il en se tournant vers les siens, ne sont pas chargés de marchandises, mais remplis d'ennemis. — Aussitôt ceux de la ville coururent à leurs vaisseaux pour attaquer les pirates. Mais les Normands n'eurent pas plus tôt appris que Charlemagne était là, qu'ils s'enfuirent avec une telle rapidité qu'ils échappèrent aussitôt aux regards qu'aux poursuites.

« Charles cependant, les yeux fixés sur la mer, resta longtemps immobile et les bras croisés. De grosses larmes tombaient de ses yeux, sans qu'il songeât à les essuyer, et sans que personne osât l'interroger sur la cause de sa douleur. Enfin, il dit à ses fidèles : — Si je pleure ainsi avec amertume, ce n'est pas que je craigne ces corsaires ; mais je m'afflige profondément quand je songe que, moi vivant, ils osent toucher les rivages de l'empire ; et mon cœur est plein d'une désolation violente ; car je prévois de quels maux, après moi, ils écraseront mes peuples.... »

Le reste du règne de l'empereur n'offre plus de guerres importantes. On voit dans de vieux monuments qu'en 814 il visita les flottes qu'il faisait construire à Boulogne et à Gand. Un canal naturel amenait encore à cette époque la mer dans le port de Gand. Il fit établir des phares sur les côtes.

Les infirmités de la vieillesse se firent bientôt sentir au monarque. Charles, son fils aîné, qui avait été l'espoir et l'orgueil de la France, venait de mourir en 811 ; son autre fils Peppin, roi d'Italie, était mort un an avant ; et Charlemagne éprouvait cette douleur inconsolable d'un père qui survit à ses enfants. Reconnaissant les approches de son heure suprême, l'empereur voulut faire couronner Louis, le seul fils qui lui restât, et l'associer à l'empire. Au printemps de l'année 813, il convoqua donc l'assemblée nationale en champ de mai à Aix-la-Chapelle ; il y fit venir le roi d'Aquitaine ; il le présenta au peuple, aux comtes, aux ducs, au clergé. Puis, ayant rappelé dans un simple discours ses longs travaux, il demanda aux représentants de la nation s'ils voulaient, dès ce moment, associer Louis à l'empire et le reconnaître pour son successeur. Cette proposition fut accueillie par des acclamations unanimes ; et le dimanche suivant, toute l'assemblée se trouvant réunie dans la basilique d'Aix-la-Chapelle, Louis fut proclamé empereur d'Occident. Il jura sur l'Évangile de régner suivant les lois. Après quoi Charlemagne, d'une voix émue, prononça ces paroles, qui furent entendues de tous dans un silence religieux :

« Fils cher à Dieu, à votre père, à ce grand peuple, vous
» que Dieu m'a laissé seul pour consoler ma dernière heure,
» vous le voyez, mon âge se hâte ; ma vieillesse même va
» m'échapper et le temps de ma mort accourt Ce pays m'a
» vu naître ; le Christ m'a accordé cet honneur ; il m'a per-
» mis de posséder les royaumes de mon père ; je les ai gar-

» dés non moins florissants que je ne les avais reçus. Le
» premier de ma nation, j'ai obtenu le nom de César[1] et
» transporté à ma race l'empire de la race de Romulus. Re-
» cevez ma couronne, ô mon fils, puisque Dieu y consent,
» et avec elle les marques de la puissance[2] »

Après ces mots l'empereur ordonna à son fils d'aller prendre sur l'autel la couronne impériale qu'on y avait apportée, et de la placer lui-même sur sa tête. Il lui recommanda ensuite ses peuples et sa famille, et il l'embrassa tendrement, au milieu des pleurs et des acclamations de la multitude. A l'automne qui suivit, l'empereur devint plus faible encore. Depuis le commencement de novembre, il ne sortit plus de son palais. Une année de repos forcé lui amena lentement la dernière heure. Il mourut à Aix-la-Chapelle, le 28 janvier 815[3], à l'âge de soixante-douze ans, après quarante-sept ans d'un règne que rien, avant Napoléon, n'avait encore égalé. On l'enterra dans un vaste caveau, assis sur un trône d'or, avec ses habits impériaux, sa couronne, son sceptre et son épée. On mit son bouclier à ses pieds, sa bourse de pèlerin à sa ceinture, le livre des Évangiles sur ses genoux. Lorsqu'on eut pavé de pièces d'or le sépulcre embaumé, on scella le caveau. Au-dessus on éleva un arc de triomphe où on lisait ces mots : Ici repose l'empereur Charlemagne.

[1] Nos pères prononçaient keisar et *keiser* qui est encore, dans les langues allemandes et flamandes, l'expression du titre d'empereur.

[2] **Ermoldus Nigellus**, dans les Script. rerum Italic, de **Muratori**, tome II.

[3] 814, vieux style.

Nous avons été longs dans ce sommaire. Mais nous avions à tracer le règne éclatant du plus grand homme du moyen-âge.

Terminons en ajoutant quelques traits qui achèveront de peindre Charlemagne. Il aimait les étrangers ; il les accueillait avec bienveillance ; il en avait toujours un grand nombre dans son palais. Il était sobre dans le boire et dans le manger, dit Eginhart. Pendant ses repas, on lui lisait l'histoire des grands hommes de l'antiquité ou la Cité de Dieu de saint Augustin. Il parlait avec facilité, avec éloquence ; il savait la langue latine aussi bien que la langue de son pays. Il entendait le grec.

Il prit un soin particulier de l'éducation de ses enfants. Dès que les garçons purent supporter les exercices violents, il leur fit apprendre le manége et le maniement des armes. Il voulut que ses filles s'occupassent des ouvrages manuels de leur sexe, de peur qu'elles ne cédassent à l'oisiveté. Il était doux dans ses punitions, équitable dans ses jugements, modéré dans son administration, généreux et charitable.

Voltaire, qui a jugé Charlemagne avec une légèreté incroyable, parce qu'il n'a compris ni l'homme ni l'époque, remarque cependant que, durant le demi-siècle de guerres qui occupa sa vie, nos contrées jouirent d'une paix qui ne fut jamais troublée et d'un commerce florissant, parce que le monarque avait des flottes aux embouchures de toutes les rivières qui baignaient ses États. Velly admire la force d'un homme à qui l'Italie, l'Espagne, la Germanie et l'Orient, conjurés à la fois contre lui ne purent arracher la plus légère marque d'embarras ou d'inquiétude, et qui, dans des guerres continuelles, gouvernait l'Europe comme s'il eût régné dans une paix profonde.

Voici le portrait que Montesquieu a tracé de ce grand homme : « Charlemagne songea à tenir le pouvoir de la noblesse dans ses limites et à empêcher l'oppression du clergé et des hommes libres. Il mit un tel tempérament dans les ordres de l'État, qu'ils furent contrebalancés et qu'il resta le maître. Tout fut uni par la force de son génie. Il mena continuellement la noblesse d'expédition en expédition ; il ne lui laissa pas le temps de former des desseins, et l'occupa tout entière à suivre les siens. L'empire se maintint par la grandeur du chef : le prince était grand, l'homme l'était davantage. Les rois ses enfants furent ses premiers sujets, les instruments de son pouvoir et les modèles de l'obéissance. Il fit d'admirables règlements ; il fit plus, il les fit exécuter. Son génie se répandit sur toutes les parties de l'empire. On voit dans les lois de ce prince un esprit de prévoyance qui comprend tout et une certaine force qui entraîne tout. Les prétextes pour éluder les devoirs sont ôtés ; les négligences corrigées, les abus réformés ou prévenus [1]. Il savait punir ; il savait encore mieux pardonner. Vaste dans ses desseins, simple dans l'exécution, personne n'eut à un plus haut degré l'art de faire les plus grandes choses avec facilité, et les difficiles avec promptitude. Il

---

[1] Voyez son capitulaire III de l'an 811, page 486, art. 1 à 8 ; et le capitulaire Ier de l'an 812, page 490, art. 1 ; et le capitulaire de la même année, page 494, art. 9 et 11 ; et autres. Note de Montesquieu.

parcourait sans cesse son vaste empire, portant la main partout où il allait tomber. Les affaires renaissaient de toutes parts ; il les finissait de toutes parts. Jamais prince ne sut mieux braver les dangers ; jamais prince ne sut mieux les éviter. Il se joua de tous les périls, et particulièrement de ceux qu'éprouvent presque toujours les grands conquérants, je veux dire les conspirations. Ce prince prodigieux était extrêmement modéré ; son caractère était doux, ses manières simples ; il aimait à vivre avec les gens de sa cour. Il mit une règle admirable dans sa dépense : il fit valoir ses domaines avec sagesse, avec attention, avec économie ; un père de famille pourrait apprendre dans ses lois à gouverner sa maison. On voit dans ses capitulaires la source pure et sacrée d'où il tira ses richesses.

» Je ne dirai plus qu'un mot : il ordonnait qu'on vendît les œufs des basses-cours de ses domaines et les herbes inutiles de ses jardins [1], et il avait distribué à ses peuples toutes les richesses des Lombards, et les immenses trésors de ces Huns qui avaient dépouillé l'univers [2]. »

[1] Capitulaire *de villis*. Voyez tout ce capitulaire qui est un chef-d'œuvre de prudence, de bonne administration et d'économie.

[2] Esprit des lois. Livre xxxi, chap. 18

UNE ACADÉMIE
INSTITUÉE PAR CHARLEMAGNE

Nous pourrions raconter avec quelle ardeur persévérante Charlemagne encouragea la science autour de lui et comment il s'entourait de savants qu'il réunit en une sorte d'académie. Le plus renommé de ces doctes est Alcuin; il figure dans une pièce que nous reproduisons ici, et qui est un questionnaire curieux, où l'on peut voir l'état des connaissances et des idées alors.

Cependant, si l'on veut bien étudier les capitulaires de Charlemagne, on trouvera ce grand homme supérieur à ses académiciens. N'est-ce pas pour cela qu'il interrogeait lui-même, dans les examens, les enfants de ses écoles?

Voici, sauf quelques inutilités, ce questionnaire. Il a eu lieu entre le jeune prince Peppin et Alcuin, son maître :

PEPPIN. Qu'est-ce que l'écriture?

ALCUIN. La gardienne de l'histoire,

P. Qu'est-ce que la parole?

A. L'interprète de l'âme.

P. Qu'est-ce qui donne naissance à la parole?

Charlemagne fonde une Académie.

A. La langue.

P. Qu'est-ce que la langue?

A. Le fouet de l'air.

P. Qu'est-ce que l'air?

A. Le conservateur de la vie.

P. Qu'est-ce que la vie?

A. Une jouissance pour les heureux, une douleur pour les misérables, l'attente de la mort.

P. Qu'est-ce que la mort?

A. Un événement inévitable, un sujet de pleurs pour les vivants, la confirmation des testaments, le larron des hommes.

P. Qu'est-ce que l'homme?

A. L'esclave de la mort, un voyageur passager, hôte dans sa demeure.

P. Comment l'homme est-il placé?

A. Comme une lanterne exposée au vent.

P. Où est-il placé?

A. Entre six parois.

P. Lesquelles?

A. Le dessus, le dessous, le devant, le derrière, la droite, la gauche.

P. Qu'est-ce que le sommeil?

A. L'image de la mort.

P. Qu'est-ce que la liberté?

A. L'innocence.

P. Qu'est-ce que la tête?

A. Le faîte du corps.

P. Qu'est-ce que le corps?

A. La demeure de l'âme....

P. Qu'est-ce que le ciel?

A. Une sphère mobile et une voûte immense.

P. Qu'est-ce que la lumière?

A. Le flambeau de toutes choses.

P. Qu'est-ce que le jour?

A. Une provocation au travail.

P. Qu'est-ce que le soleil?

A. La splendeur de l'univers, la beauté du firmament, la grâce de la nature, la gloire du jour, le distributeur des heures.

P. Qu'est-ce que la terre?

A. La mère de tout ce qui croît, la nourrice de tout ce qui existe, le grenier de la vie, le gouffre qui dévore tout.

P. Qu'est-ce que la mer?

A. Le chemin des audacieux, la frontière de la terre, l'hôtellerie des fleuves, la source des pluies.

P. Qu'est-ce que l'hiver?

A. L'exil de l'été.

P. Qu'est-ce que le printemps?

A. Le peintre de la terre.

P. Qu'est-ce que l'été?

A. La puissance qui vêt la terre et mûrit les fruits.

P. Qu'est-ce que l'automne?

A. Le grenier de l'année.

P. Qu'est-ce que l'année?

A. Le quadrige du monde.

P. Maître, qu'est-ce qu'un vaisseau?

A. Une maison errante, une auberge partout, un voyageur qui ne laisse pas de traces.....

P. Qu'est-ce qui rend douces les choses amères?

A. La faim.

P. De quoi les hommes ne se lassent-ils point?

A. Du gain.

P. Quel est le sommeil de ceux qui sont éveillés?

A. L'espérance.

P. Qu'est-ce que l'espérance?

A. Le rafraîchissement du travail.

P. Qu'est-ce que l'amitié?

A. La similitude des âmes.

P. Qu'est-ce que la foi?

A. La certitude des choses ignorées et merveilleuses.

P. Qu'est-ce qui est merveilleux?

A. J'ai vu dernièrement un homme debout à l'envers, un mort marchant et qui n'a jamais été.

P. Comment cela a-t-il pu être? Expliquez-le-moi.

A. C'était une image dans l'eau.

P. Pourquoi n'ai-je pas compris cela moi-même, ayant vu tant de fois une chose semblable?

A. Comme vous êtes un jeune homme de bon caractère et doué d'esprit naturel, je vous proposerai plusieurs autres choses extraordinaires. Essayez si vous pouvez les découvrir.

P. Si je me trompe, redressez-moi.

A. Je le ferai. — Quelqu'un qui m'est inconnu a conversé avec moi sans langue et sans voix; il n'était pas auparavant et ne sera point après, et je ne l'ai ni entendu ni connu.

P. Un rêve vous agitait peut-être?

A. Précisément, mon fils. Écoutez encore ceci : J'ai vu les morts engendrer le vivant, et les morts ont été consumés par le souffle du vivant.

P. Le feu est né du frottement des branches, et il a consumé les branches.

A. C'est vrai.....

A. Qu'est-ce qu'un messager muet?

P. Celui que je tiens à la main.

A. Que tenez-vous à la main?

P. Une lettre.

A. Lisez donc heureusement, mon fils [1].

« Comme enseignement, dit M. Guizot, de telles conversations sont étrangement puériles ; comme symptôme et principe du mouvement intellectuel, elles méritent une grande attention ; elles attestent cette curiosité avide avec laquelle l'esprit, jeune et ignorant, se porte sur toutes choses, et ce plaisir si vif qu'il prend à toute combinaison inattendue, à toute idée un peu ingénieuse : disposition qui se manifeste dans la vie des individus comme dans celle des peuples, et enfante tantôt les rêves les plus bizarres, tantôt les plus vaines subtilités. Elle dominait sans nul doute dans le palais de Charlemagne, et la singulière conversation de Peppin et d'Alcuin n'est probablement qu'un échantillon de ce qui se passait fort souvent, à leur grande joie, entre ces beaux esprits semi-barbares, semi-lettrés.[2] »

[1] OEuvres d'Alcuin, tome II, p. 352 et suiv.
[2] *Histoire de la civilisation en France*, 3ᵉ édition, tome II, p. 195.

MURMAN LE BRETON

ÉPISODE DU RÈGNE DE LOUIS-LE-DÉBONNAIRE

Ce récit qui va suivre est tiré du poëme d'Ermold le Noir (Ermoldus Nigellus), abbé d'Aniane, qui écrivait en 826 des faits passés en 818. Ce tableau comtemporain a de l'intérêt par sa vérité et par sa forme [1].

« En l'année 818, le César Louis ayant convoqué autour de lui les ducs et les gardiens des marches, Lambert, qui était chargé d'observer le pays des Bretons, se présenta parmi les autres. Ce peuple, ayant reçu le baptême, avait été respecté par les Francs; il s'était étendu peu à peu et avait de beaucoup agrandi ses frontières. Dès lors, quoique le fils de Charlemagne fût heureux dans ses guerres et que son nom fût respecté, ils se flattaient de l'espoir de le vaincre et de ne plus reconnaître sa suzeraineté.

[1] M. Augustin Thierry, dans ses *Lettres sur l'histoire de France* a publié aussi une traduction de ce curieux morceau. Nous nous sommes aidé quelquefois de son travail.

— Eh bien ! dit Louis à Lambert, la nation qui t'avoisine honore-t-elle toujours Dieu et la sainte Église ? A-t-elle toujours son prince et ses lois ? Trouble-t-elle nos frontières ?

— C'est une race dure et menteuse, répondit Lambert ; à sa perfidie et à sa malice on reconnaît qu'en général elle n'est chrétienne que de nom. Elle a pour demeure les bois, pour retraites les tanières, et ne vit comme les loups que de rapines. Son roi s'appelle Murman. Si l'on peut appeler roi un chef qui gouverne en sauvage. Ces hommes ont souvent menacé nos frontières ; jusqu'ici ils ne l'ont jamais fait impunément.

— Ton rapport m'afflige, Lambert, répliqua Louis. Si ces étrangers, qui habitent notre terre sans nous en payer le tribut, nous font la guerre, la guerre les châtiera. Mais, avant de nous lever contre eux, nous devons leur envoyer un message, puisque leur chef a reçu le baptême.

Witchar, continua-t-il, en s'adressant à l'un de ses fidèles, vous êtes sage et prudent. Allez trouver le roi des Bretons ; faites-lui sentir qu'il lui convient d'implorer de nous la paix, au lieu de songer à nous braver.

» L'abbé Witchar monta à cheval, et voyagea sans s'arrêter ; il connaissait le pays et possédait, près de la terre des Bretons, un beau domaine que lui avait donné l'Empereur. Il se dirigea droit à la maison de Murman, qui se cachait à l'écart, entre une rivière et un bois, et qui se trouvait défendue par des haies et des fossés. Il la trouva remplie d'armes et de soldats.

» Dès que le roi des Bretons reconnut l'envoyé du César Louis, la crainte pâlit son visage.

— Je vous salue, Murman, dit le messager ; je vous apporte le salut du César invincible, mais bon et pacifique.

» Murman, après avoir embrassé l'envoyé, selon la coutume, répondit :

— Je vous salue aussi, Witchar : je souhaite à l'auguste et pacifique Louis une longue vie et un empire durable.

» Tous deux s'assirent; et, aussitôt qu'ils furent seuls, Witchar exposa sa mission.

— Le César Louis (dit-il), la gloire des enfants du Christ, le premier des princes dans la guerre et dans la paix, vous rappelle que vous habitez sa terre et que vous lui en devez le tribut. Mais, si vous reconnaissez sa suzeraineté, et si vous nous laissez en paix, il vous fera don de la terre que votre nation occupe. N'oubliez pas que l'empereur est fort et que Dieu combat pour lui.

» Le rude Breton baissait la tête et frappait la terre de son pied, tandis que l'habile messager le conseillait avec bienveillance. Avant qu'il eût rien répondu, sa femme entra ; c'était une femme orgueilleuse et méchante. Elle venait de quitter son lit, et, suivant l'usage encore, elle apportait à son mari le premier baiser. Elle lui parla quelque temps à voix basse ; puis, jetant un regard effronté sur Witchar, elle demanda tout haut à son mari quel était cet étranger? d'où il venait? s'il apportait la guerre ou la paix?

— C'est l'envoyé de l'Empereur, répondit Murman.

Quant à la question de savoir s'il apporte la paix ou la guerre, ces choses regardent les hommes. Vous, femme, allez à vos affaires.

» Quand Witchar entendit ces paroles indécises, il pressa le chef breton de lui répondre sérieusement. Murman parut embarrassé et répliqua :

— Donnez-moi le temps de la réflexion jusqu'à demain.

» Le lendemain matin, l'abbé Witchar se présente de nouveau à la porte du roi barbare. On lui ouvre, et Murman paraît, appesanti par le sommeil et par l'ivresse :

— Va-t'en, crie-t-il d'une voix altérée, va-t'en dire à ton César, que Murman n'habite pas sa terre, que Murman ne veut ni de sa suzeraineté ni de ses lois, qu'il ne lui paiera point de tribut, et qu'il ne craint ni lui, ni ses armées.

— Ecoutez, Murman, répliqua le sage envoyé : nos pères disent que votre race est imprudente, et je vois qu'ils ont raison; car les paroles d'une femme vous ont égaré. Vous allez donc entendre le cri de guerre du César et voir des milliers de lances levées contre vous. Songez bien que vos forêts, vos fossés et vos marécages ne vous garantiront pas.

— Et moi aussi, répondit le roi breton, en se soulevant avec colère, et moi aussi j'ai par milliers des chariots de javelines pour vous recevoir. Si vous avez des boucliers blancs, j'ai des boucliers rouges. Je vous attends et je ne crains pas la guerre.

» Witchar se hâta de reporter cette réponse à l'Empereur. Louis aussitôt se mit en campagne. Il convoqua auprès de Vannes les nations qui lui obéissaient. Les Francs, les Souabes, les Saxons, les Thuringiens, les Burgondes, arrivèrent bientôt en équipages de guerre. Le pieux et clément empereur crut devoir envoyer au rebelle un dernier message :

— Qu'on lui rappelle, dit-il, la paix qu'il a jurée, la main qu'il nous a donnée, et la fidélité qu'il a gardée à Charlemagne, mon père.

» A ce message Murman répond d'insolentes paroles. Le César Louis ordonne qu'elles soient répétées devant le front de l'armée. Les soldats aussitôt poussent le cri du combat et s'élancent. Ils enlèvent les troupeaux ; et, passant comme un torrent à travers les marais et les bocages, ils chassent les habitants devant eux, brûlent les maisons et n'épargnent que les églises. Les bandes bretonnes n'osent pas les aborder en front, ni engager une vraie bataille. Elles se dispersent et font une guerre perfide, au passage des défilés, derrière les haies et les buissons.

— Compagnons, dit Murman aux siens, défendez mon domaine ; je le confie à votre courage ; moi, cependant, je vais dresser à l'ennemi une ambuscade, et je vous rapporterai ses dépouilles.

» Il embrasse d'un visage assuré sa femme et ses enfants, monte à cheval, vide une énorme coupe de vin, emplit ses mains de javelots, et part en disant :

— Femme, tu verras à mon retour ces javelots rougis du sang des Francs.

» Il s'écriait en pressant son cheval : — Que je le voie, que je le rencontre, que je l'aperçoive ce César qui exige le tribut ! Le voilà le tribut que je lui destine !

» Et il brandissait sa javeline de fer.

» Bientôt il voit devant lui une colonne de l'armée de l'Empereur. Il l'attaque avec sa suite, s'éloigne, revient à la charge et s'éloigne encore, selon la tactique bretonne.

» A la tête des soldats de Louis était un certain Cosl, qui ne s'était encore distingué par aucune action d'éclat. Le chef breton court à lui.

— Franc, lui crie-t-il, j'ai là un présent que je te garde; le voilà, et souviens-toi de moi !

» Avec ces paroles, il lance un javelot que Cosl reçoit sur son bouclier. Puis, poussant son bon cheval contre Murman, il lui répond :

— Breton, en retour de ton présent, reçois le mien.

» Et il le frappe à la tempe, de la lance pesante dont les Francs sont armés. Le coup a percé le chapeau de fer du roi breton, qui tombe expirant. Cosl saute sur lui, lui tranche la tête. Mais, au moment où il se redresse avec ce trophée, un compagnon de Murman le frappe par derrière, et le brave meurt au milieu de son triomphe.

» Cependant, en voyant tomber le roi breton, les nôtres étaient accourus. Ils emportent la tête du rebelle; sa nation à l'heure même se soumet; et le pieux Louis accorde la paix. »

FIN

TABLE DES MATIÈRES

La reine Berthe au grand pied. 1
Légendes de la naissance de Charlemagne. 101
L'intendant du palais de Herstal. 135
L'étang du nid de chien. 149
Charlemagne à Gand. 159
La chronique de Baudouin Bras-de-Fer 169
APPENDICE. — Charlemagne, sommaire historique . . 213
L'Empire d'Occident. 254
Une Académie fondée par Charlemagne. 266
Murman le breton. Episode du règne de Louis-le-Débonnaire 273

OUVRAGES DU MÊME AUTEUR

Les Aventures de maître Adam Borel, avec quelques autres récits du temps des Gueux; 5ᵉ édit., petit in-8º de 300 pages, avec gravures; 1 fr. 80.

Quelques Scènes du Moyen-Age, légendes et petites histoires; petit in-8º de 240 pages, fig; 1 fr. 50.

Le Ménétrier d'Echternach, et quelques autres Légendes d'artistes; petit in-8º; 1 fr. 80.

Le Sanglier des Ardennes, et quelques autres Légendes de la Hesbaie; petit in-8º; 1 fr. 80.

Geneviève de Brabant, et quelques autres aventures du temps des croisades; petit in-8º de 260 pages, 9 gravures; 1 fr. 80.

La Chronique de Godefroid de Bouillon et du Royaume de Jérusalem; petit in-8º de 250 p., 5 gr; 1 fr. 80.

Les Jésuites, entretiens des vivants et des morts à la frontière des deux mondes; 4ᵉ édition, petit in-8º de 264 pages, 10 gravures; 1 fr. 50.

La Vie de la Sainte Vierge, Mère de Dieu, avec un choix des légendes qui éclairent cette biographie sacrée; in-16 de 180 pages, 4ᵉ édit., avec figures; 60 c

Légendes de la Sainte Vierge; nouvelle édition, vol. in-8º de 400 pages, avec 2 miniatures en or et couleurs; 4 fr.

Légendes des Sept Péchés capitaux,; 5ᵉ édition, petit in-8º de 250 pages, 8 gravures; 1 fr. 80.

Légendes des Commandements de Dieu; petit in-8º, 11 gravures; 1 fr. 80.

Légendes du Juif-Errant; 1 vol. in-8º de 400 p. avec deux miniatures; 4 fr.

Plancy. Typ. de la Société de Saint-Victor. — J. Collin, imp.

www.ingramcontent.com/pod-product-compliance
Lightning Source LLC
Chambersburg PA
CBHW071139160426
43196CB00011B/1947